LES ALLOCUTIONS

DE

MADAME MELET

ÉTAMPES

LUCIEN BRIÈRE, LIBRAIRE-ÉDITEUR

—

1905

LES ALLOCUTIONS

DE

MADAME MELET

IMPRIMERIE OLLIVIER LECESNE, A ÉTAMPES (S.-ET-O.)

LES ALLOCUTIONS

DE

MADAME MELET

DISCOURS DE DISTRIBUTIONS DE PRIX
1836-1882

Rendons nos fils généreux et nos filles dévouées.
MADAME MELET (Année 1861).

ÉTAMPES
LUCIEN BRIÈRE, LIBRAIRE-ÉDITEUR

1905

Justification du Tirage :

IL A ÉTÉ TIRÉ DE CET OUVRAGE :

Sur papier vergé teinté : 100 exemplaires.

EN OUTRE, IL A ÉTÉ TIRÉ :

Sur papier vélin de cuve, du Marais : 300 exemplaires,

MADAME MELET

NÉE ADÉLAÏDE LEFÈVRE

1818 – 1904

d'après le tableau original au Musée d'Étampes

NOTICE BIOGRAPHIQUE

Marie-Adélaïde Lefèvre naquit le 10 octobre 1818 à Tillay-le-Péneux (canton d'Orgères, arrondissement de Châteaudun, Eure-et-Loir). Là résidait et fut très longtemps maire son grand-père, Pierre-Côme Lefèvre, fermier du célèbre savant et ci-devant abbé Tessier. Sa grand'mère était Marie-Françoise Viot, d'une famille bourgeoise d'Arthenay (Loiret). Un neveu de cette dernière, Mgr Gallard, fut évêque de Meaux.

Marie-Adélaïde fut la première enfant d'Édouard-Florentin Lefèvre qui avait épousé, à l'âge de vingt ans, Suzanne-Adélaïde Gerbault, jeune fille d'Allaines. Le jeune couple s'éloigna de Tillay-le-Péneux en 1821 pour s'établir à son compte au Puiset, près de Janville-au-Sel, comme cultivateurs et meuniers.

C'est vers ce temps que la petite Adélaïde fut conduite à Étampes, auprès de sa tante, sœur Saint-Louis, religieuse de l'Hospice ; celle-ci, pour que sa nièce apprît à lire, l'envoya dans une modeste pension voisine, rue de l'Hospice, n° 14, dirigée par Madame et Mademoiselle de Villeinne. Ces dames et surtout la dernière s'attachèrent vite à l'enfant : lorsque les parents manifestèrent l'intention de la retirer, elles supplièrent qu'on la leur laissât. Le père et la mère y consentirent, certains des soins et de l'affection dont la fillette était l'objet.

Les dames de Villeinne étaient des personnes d'esprit et de cœur élevés. Auprès d'elles, Adélaïde, parfaitement douée, acquit tout ce qui peut résulter d'une vigilante éducation, d'une instruction profonde et sérieuse. Son intelligence égalait sa prodigieuse mémoire, et bientôt se développa chez elle la vocation de l'enseignement: enfant encore, elle montrait à lire aux autres enfants.

Bientôt, la pension devenant prospère fut transférée rue Evézard, n° 17. Adélaïde y garda santé et gaîté, tout en étudiant les sciences, la musique, l'anglais, et le latin dont les leçons lui étaient données par un professeur du Collège de la ville, Monsieur Melet (Charles-François-Marie Melet, né à Vers, Jura, en 1802), homme d'une grande érudition et de la plus aimable modestie.

Le 4 octobre 1837, Monsieur Melet épousa Adélaïde Lefèvre, méritant bien de devenir l'ami fidèle de cette femme d'élite. La maison prit alors le titre de *Pensionnat des Dames de Villeinne et Melet.*

Madame de Villeinne mourut en 1842. Mademoiselle de Villeinne, à l'inoubliable bonté, mourut en 1847, alors que, le nombre des élèves augmentant toujours, on installait la pension dans un local plus vaste, rue Saint-Jacques, n° 1.

Enfin, le 12 décembre 1870, en pleine guerre, au milieu des préoccupations accablantes causées par la présence de nombreux soldats prussiens logés dans la maison, mourut Monsieur Melet, peu de temps après que Monsieur Félix Giacomotti, son compatriote et son ami, eut terminé de lui un portrait qui est un chef-d'œuvre (Musée d'Etampes).

Monsieur Melet, nous l'avons dit, était le professeur par excellence, un maître d'un esprit supérieur, d'une indulgente philosophie, d'une âme ouverte à toute idée noble et large. Pour sa compagne, sa mort fut un coup terrible; mais Madame Melet fit appel à toutes ses énergies afin de continuer la tâche à laquelle elle s'était vouée et qui lui plaisait: apprendre à ses élèves à penser, développer leurs aptitudes vers le bien, équilibrer leur jugement, les guider dans des études même abstraites, enfin être pour elles tout à la fois institutrice et éducatrice. Elle réussit grâce à son tact inné, à son oubli d'elle-même, et surtout parce qu'elle aimait ces jeunes filles qu'on lui confiait, et leur donnait une part de son cœur.

Madame Melet n'avait point eu d'enfants, et sa tendresse

maternelle n'avait pu se répandre dans l'ordre de la nature : elle la reporta d'abord sur ses frères et sœurs dont elle fut souvent l'appui, et ensuite sur ses élèves dont elle se faisait véritablement la mère. Elle résigna ses fonctions en 1882, mais longtemps encore après, celles qu'elle se plaisait à nommer ses filles venaient souvent chercher ses conseils, son aide sympathique, ou ses touchantes paroles de consolation.

Madame Melet avait reçu de nombreux témoignages de satisfaction de la part de l'autorité universitaire, sous forme de médailles et de diplômes. Pourtant les palmes académiques ne lui furent accordées qu'en 1896. A cette occasion, ses anciennes élèves lui offrirent une œuvre d'art qui est maintenant au Musée d'Étampes. On a dit avec raison de Madame Melet qu'elle avait été admirable autant comme institutrice que comme éducatrice. Ses discours publiés ici prouvent qu'on ne s'est point trompé, au moins quant à l'éducatrice.

Elle rendit le dernier soupir après une courte maladie, le 8 juillet 1904.

Avec l'âge ne s'étaient éteintes ni son action bienfaisante, ni la vivacité de ses souvenirs. Elle citait toujours avec émotion le nom de Mademoiselle de Villeinne, et elle s'était fait une règle d'imiter l'exemple de la vieille Madame de Villeinne, à laquelle elle avait elle-même appliqué cette belle pensée d'un inconnu : « Il est encore des jours souriants pour la vieillesse si elle s'intéresse à tous, et si elle se désintéresse d'elle-même. »

⁂

Madame de Villeinne n'était pas d'origine étampoise. Elle était née Marguerite Grudé, à Alençon, le 7 juillet 1750. Sa sœur, Reine-Jeanne Grudé, née également à Alençon vers 1753, est décédée à Étampes en 1836. Leur mère, née Marguerite Pouhier ou Poyée, veuve de Pierre Grudé, courrier, est morte âgée de 81 ans, à Étampes, en 1813.

Aucun renseignement positif n'existe sur M. Jacques de Villeinne, mari de Madame de Villeinne. Il a dû mourir avant la Révolution, à Châtillon, près Paris.

Vers la même époque, Madame de Villeinne et sa fille habitèrent, dit-on, Versailles. Leur position, sans être très brillante, y était sans doute aisée, quand les bouleversements politiques la rendirent précaire. Ces dames racontaient que, après les plus mauvais jours, réfugiées à Paris, elles travaillèrent de leurs mains au manteau du sacre de Napoléon Ier. Elles étaient, en effet, habiles brodeuses et expertes dentellières, comme il convenait à des Normandes du XVIIIe siècle.

Mademoiselle Euphrasie de Villeinne, celle que Madame Melet appelait tendrement sa mère adoptive, et dont l'acte de naissance n'a pas été retrouvé, avait soixante-trois ans quand elle mourut à Étampes, en 1847. Son portrait, par l'artiste étampois Vassor, est au musée d'Étampes.

15 Septembre 1836

I

L'ÉMULATION (*)

Mes chères amies,

A la vue de ces couronnes que vous ont préparées vos maîtresses heureuses de récompenser vos travaux, en présence de vos parents dont le cœur est aussi agité que le vôtre, quelle est celle de vous qui ne se sent émue et ne repasse en elle-même et ses études, et ses combats, et les obstacles qu'il lui a fallu surmonter pour se distinguer dans cette imposante circonstance. Laquelle de vous ne s'est représenté à l'avance ce moment plein de charme, où son front couronné se sentirait mouillé des larmes maternelles ? O mes amies, c'est une bien noble émulation que celle qui tend à satisfaire vos parents, à reconnaître les sacrifices qu'ils s'imposent pour vous faire acquérir le plus précieux des biens : l'instruction.

(*) Quand elle prononça cette première allocution, Mlle Lefèvre, devenue sous-maîtresse en titre, n'avait pas encore atteint ses dix-huit ans.

Ne la laissez jamais ralentir un instant, cette ardeur, qui, d'un côté, vous présente des rivales, des difficultés, une lutte continuelle; de l'autre, des couronnes et l'approbation publique. Que jamais une morne apathie ne vienne paralyser vos heureuses dispositions. Il n'est que trop vrai, hélas! la nature n'a point également départi ses dons; parmi vous, il en est qui, pour parvenir, ont besoin de plus d'efforts; mais gardez de vous laisser décourager, ne vous laissez point abattre par les premiers revers, il n'est point de difficultés qu'un travail opiniâtre ne vienne à bout de vaincre, et plus la victoire vous aura coûté de peines, plus elle vous sera glorieuse.

Cependant si, malgré vos efforts, votre espoir est trompé, si d'heureuses compagnes l'emportent sur vous... ah! consolez-vous encore par la douce sécurité de votre conscience. Que votre cœur pur et candide ne se laisse point aller aux tumultueux mouvements d'une passion qui voudrait se dire la sœur de l'émulation, qui voudrait emprunter ses traits pour masquer sa laideur, mais qui, bien loin d'offrir les mêmes résultats, n'enfante que des monstres, ne présente que des ennemis, et désire moins d'atteindre le but que d'en détourner ses rivaux. Mais ce n'est point à vous qu'il faut montrer de si tristes peintures; votre âme est inaccessible aux tourments de l'envie, ce serait vous faire injure que vous confondre avec ces cœurs qui cherchent à s'abuser eux-mêmes en donnant au chagrin qui les ronge le nom d'émulation.

L'émulation est noble et franche, elle ne se cache point dans l'ombre pour nuire, elle ne montre que le but et le moyen d'y arriver; elle seule est l'âme des succès. Elle n'est pas seulement le stimulant du jeune âge, elle s'étend à tous les rangs, elle encourage tous les hommes.

C'est elle qui essuie les sueurs de l'artisan en lui présentant le salaire destiné à nourrir sa famille ; c'est elle qui montre de loin au poète le laurier, gage de l'immortalité pour laquelle il veille et il soupire. Qu'est-ce qui revêt le soldat de cette ardeur invincible qui le porte au milieu des périls et lui fait affronter la mort ? N'est-ce pas l'espoir de voir un jour le signe de l'honneur briller à sa poitrine ?

Pénétrons ensemble sous les voûtes du temple sacré. Voyez ce vénérable vieillard dont les cheveux ont blanchi au milieu du sanctuaire : les austérités ont affaibli son corps, ses mains débiles tremblent en élevant le calice, sa voix presque éteinte peut à peine porter jusqu'à son troupeau les images consolantes qui remplissent son âme. Il vous paraît à plaindre, et votre cœur se serre à la vue de sa faiblesse, mais lui se trouve heureux ; bientôt sa tâche sera remplie, bientôt il en recevra le prix ; un jour radieux luira pour lui, une nouvelle patrie le recevra dans son sein ; c'est là son but, c'est là son unique espérance.

Mais peut-être des exemples plus rapprochés vous frapperont-ils davantage. Regardez autour de vous : croyez-vous qu'un but mercenaire soit le seul mobile de celles qui vous ont consacré leur vie, qui travaillent sans relâche à vous aplanir les difficultés de l'étude, qui ne croient leur tâche accomplie que lorsqu'elles peuvent dire à une mère en lui remettant sa fille : « Vous me l'avez donnée légère, inappliquée, avec tous les défauts du jeune âge ; je vous la rends douce, soumise, digne de faire la gloire et la consolation de vos vieux jours. » Croyez donc que le plus doux prix auquel elles aspirent, le seul digne de leurs peines, c'est la reconnaissance des cœurs qu'elles préparent au bonheur en les formant à la vertu, et la reconnaissance de la société à laquelle elles rendent de vertueuses mères de famille.

Et moi aussi, mes amies, j'envisage un but bien doux, heureuse si, en vous parlant dans toute l'effusion de mon cœur, je puis m'attirer de votre part un retour de confiance, et si, en cessant de participer à vos couronnes, je n'ai pas cessé de partager vos plaisirs, vos peines, et les douces affections de vos cœurs.

SEPTEMBRE 1837

II

LE TRAVAIL

MES CHÈRES AMIES,

DANS un instant, votre application va recevoir la récompense qu'elle a méritée. Déjà, comme aux années précédentes, sont réunies, excitées par le plus tendre intérêt qu'inspire la jeunesse, les personnes bienveillantes dont la présence vient encourager vos efforts. Et moi, votre amie, (oh ! vous me le donnez, n'est-ce pas, ce titre, le seul que j'ambitionne auprès de vous !) et moi, je suis encore le faible interprète chargé de mêler la réflexion au juste plaisir si naturel de vos succès.

Bientôt, pressées dans les bras de vos pères et de vos mères chéries, vous sentirez que rien n'est doux comme de causer le bonheur de ce qu'on a de plus cher au monde. Vous ressentirez plus vivement que jamais combien elle est pure la joie que procure l'accomplissement de ses devoirs. Vous goûterez cette satisfaction douce que l'on éprouve quand on se dit : « J'ai bien fait. » Lors même que vous n'auriez pu triompher de vos heureuses rivales, ce témoignage intérieur suffira pour vous consoler. O vous donc qui n'aurez pas le bonheur de rapporter une couronne à votre mère, ne pleurez pas si vous pouvez lui dire : « Je n'avais rien négligé pour l'obtenir. » Ne vous découragez point, redoublez d'ardeur pour sortir victorieuse de la lutte prochaine, ne croyez pas qu'une défaite vous donne le droit de cesser vos efforts.

Non, rien ne peut dispenser du travail. Si vous l'abandonniez, vous perdriez bientôt la douce gaîté, l'égalité d'humeur qui se lit sur vos figures, car le travail n'est pas seulement l'âme de vos succès, il est aussi la source de vos plaisirs. Sans lui, le dégoût se mêlerait à vos jeux, cette langueur que vous apporteriez à l'étude vous suivrait dans vos récréations.

Adieu, alors, cette joie naïve et sans mélange qui fait regretter toujours le temps du jeune âge ! Mais d'ailleurs le travail n'est-il pas la joie commune établie par le Créateur ? Où se trouve l'être oisif dans la nature ? L'oiseau bâtit lui-même l'asile de ses petits, l'insecte tend les filets qui doivent retenir sa proie ; depuis le ver industrieux jusqu'au lion dévastateur des forêts, tout s'occupe, tout se suffit à soi-même.

Et nous, à qui la religion, source de toutes les vertus, recommande de travailler, nous que le seul examen de nos cœurs suffit pour détourner de l'oisiveté, nous refuserions de nous y soumettre ? Nos passions mêmes s'opposent à notre repos. Vainement il croit conserver sa tranquillité celui qui ne met point d'obstacle à leur progrès : bientôt leur voix impérieuse lui ordonne de fournir un aliment continuel à leur effrayante activité, et c'est dans le malheur de la société qu'il le trouve, cet aliment funeste.

Le travail est un besoin inné chez l'homme. Il prend sa source dans l'inquiète activité de son esprit et dans le désir de s'instruire qui se développe avec sa raison. Combien de fois, mes amies, la voix d'une petite sœur ou d'un frère chéri n'est-elle pas venue chercher auprès de vous la solution des problèmes qui embarrassaient leur imagination naissante ? Alors vous, la confidente de leurs premières pensées, n'avez-vous pas remarqué bien souvent en eux une ardeur de toujours connaître ce qu'ils n'avaient point encore compris ? Eh bien, n'est-ce pas à cause de cette avidité que l'enfant questionne et que l'homme fouille toutes les ressources de son imagination, pour parvenir à la connaissance de la vérité : or, le seul moyen d'y arriver, c'est l'étude.

Elle seule développe le jugement et peut mettre à profit les plus brillantes facultés ; c'est alors que le cœur même se ressent des progrès de l'esprit, et qu'au plaisir de faire le bien, l'homme vertueux ajoute celui de rendre plus générale sa bienfaisante influence. L'étude est le chemin du mérite ; sans elle la poésie n'a point de palmes, la bravoure, point de lauriers. O mes amies, ce n'est point à nous qu'il appartient d'aspirer à la célébrité, ni de rechercher la gloire ou les triomphes, mais à nous aussi l'étude et le travail sont nécessaires.

Aux hommes les postes éclatants, les grandes entreprises, les découvertes immortelles ; à nous, femmes, l'ordre de l'intérieur, la paix, le bonheur à maintenir, le soin de calmer les douleurs, de prodiguer les consolations ; à nous la tâche si délicate de veiller sur les premières impressions et de diriger les premiers sentiments. Vous aussi, mes amies, vous aurez à remplir cette tâche difficile. Oh ! c'est alors que vous remercierez le père et la mère si tendres, dont la sollicitude aura prévu les embarras de l'avenir, et qui vous auront munies d'une éducation solide, avant de vous exposer aux orages de la vie.

Peut-être alors aussi (votre cœur me dit que ce n'est point témérité de le penser) donnerez-vous un souvenir de reconnaissance à celles dont la vie tout entière fut consacrée à vous inspirer l'amour de la vertu et du travail.

Et vous, vous pour qui ce jour est le dernier que vous deviez passer dans cet asile témoin de vos premiers travaux, vous qui bientôt aurez à dire adieu aux plaisirs et aux compagnes de votre enfance pour remplir les devoirs de fille obéissante, de fille reconnaissante ; vous qui bientôt aurez à seconder vos mères dans les détails de la vie privée, qu'il nous soit permis de penser que vous n'oublierez jamais les principes que l'on s'appliqua religieusement à graver dans vos cœurs. Oh ! quelle douce, quelle noble récompense pour celles qui furent vos guides, si, après avoir rempli les devoirs sacrés de l'amour filial, chargées à votre tour de développer le germe des vertus dans les cœurs d'une naissante famille, vous mêliez dans vos leçons, aux exemples puisés dans la conduite de vos mères adorées, quelques-uns des conseils qui vous furent adressés par une amitié sincère et par un désir ardent de votre bonheur futur.

6 SEPTEMBRE 1838

III

CONSEILS GÉNÉRAUX

MES CHÈRES AMIES,

JE vous ai bien des fois entendues dire que ce jour est le plus beau de l'année. Oh ! vous avez raison ; il est beau, en effet, non parce qu'il comble les désirs de l'amour-propre, ou qu'il commence pour nous une époque de repos et de distraction, mais parce que c'est celui où vous faites le bonheur de vos parents et de vos maîtres ; douce fête de famille où tous les cœurs se confondent dans le tendre intérêt que vous inspirez, où ces premiers succès qui font pleurer de joie vos mères sont à nous, vos guides, notre plus doux prix. Oh ! oui, mes bonnes petites, notre unique ambition est de pouvoir remplir l'attente des parents qui vous ont confiées à nos soins, qui nous ont chargées de les remplacer auprès de vous.

Heureuses et fières serons-nous de vous rendre à eux, plus riches d'instruction et de qualités morales. Notre tâche ne se borne pas à éclairer votre esprit ; elle consiste d'abord à former votre cœur, à en écarter tout ce que la faiblesse et l'inexpérience de votre âge pourraient y apporter de défectueux ; notre tâche consiste à faire fructifier dans votre cœur les heureuses qualités dont la nature vous a donné le germe.

Une année tout entière s'est déjà écoulée depuis qu'un jour pareil à celui-ci vous a rassemblées sous les yeux de la tendresse et de la bienveillance ; malgré votre jeunesse, la société vous en demandera compte. Pour quelques-unes de vous, cette année a marqué la limite qui sépare l'enfance de l'adolescence ; on le remarque à l'expression plus réfléchie de votre physionomie, à ce mélange touchant de naïveté et de raison qui est le partage de votre âge ; faites surtout qu'on s'en aperçoive à des soins plus empressés, à une reconnaissance plus vive et plus profonde envers ceux dont la sollicitude, après avoir veillé sur votre berceau, vous prépare aujourd'hui les moyens d'avancer avec confiance dans les routes inconnues de l'avenir.

Frêles et tendres plantes qui n'avez jamais été privées des appuis de votre faiblesse, que deviendriez-vous sans leur secours? Brisée au moindre souffle contraire, votre tige délicate serait bientôt flétrie, et n'irait même pas jusqu'au premier orage. Consacrez-leur donc les prémices d'une vie qu'ils vous ont donnée, qu'ils vous conservent et qu'ils voudraient vous semer de fleurs : car, mes amies, tel est leur but en vous faisant acquérir de l'instruction et des talents, ressources si précieuses pour augmenter les jouissances de la vie intérieure ou chasser les ennuis de la solitude. Répondez à leurs soins par vos efforts ; que leur bonheur soit votre premier mobile : pourrez-vous jamais payer tous leurs bienfaits et leur amour ?

Regardez la société de vos compagnes comme une école où vous devez vous former à cette égalité d'humeur, à cet esprit de conciliation qui répandent tant de charme sur l'existence de ceux qui nous entourent.

N'abandonnez jamais surtout la simplicité de votre enfance; que chaque année, en faisant mûrir en vous les fruits d'une raison plus solide et d'un jugement plus sûr, vous conserve les grâces de la candeur et de la modestie. Dans un instant, beaucoup d'entre vous seront au comble de leurs vœux : sachez modérer l'excès de votre joie pour ménager la sensibilité de vos compagnes moins heureuses. Pauvres petites! elles aussi ont fait des efforts et se sont avancées dans le chemin difficile de l'étude; mais elles n'ont pu atteindre le but, objet de votre commune ambition, ni obtenir ces couronnes qu'il nous est si pénible de ne pouvoir donner à toutes.

Plaignez-les, en apprenant dès aujourd'hui à jouir avec modération d'un triomphe, et à ne pas vous laisser éblouir par l'éclat souvent trompeur qui l'environne. Ne voyez en ce moment dans vos progrès qu'un moyen de répondre à la tendresse de vos parents; ce n'est point pour briller que vous devez acquérir de l'instruction : la vanité est un poison subtil; quand elle se mêle au talent ou à la vertu, elle corrompt tout le fruit. Évitez donc avec soin l'ostentation. Songez que votre destinée n'est point d'attirer sur vous les regards du monde.

Vous n'êtes pas appelées à faire jouer les ressorts de l'éloquence pour réclamer la justice des hommes en faveur de l'innocence ou pour appeler le châtiment sur la tête du coupable; vous ne pouvez prétendre ni aux palmes du génie, ni aux lauriers de la victoire. Destinées à la retraite, c'est sous le toit domestique que doit s'écouler toute votre vie. Ah! n'accusez pas la nature de vous avoir traitées en marâtre; elle vous a interdit les brillantes séductions de l'ambition et de la gloire, elle vous a confié le bonheur de ceux que vous aimez; à vous la part du cœur, en est-il une plus douce? Autour de vous régneront le calme et la paix.

De même qu'aux dehors agréables de la politesse doit toujours se joindre la bonté du cœur, de même aux lumières de l'esprit vous allierez ces travaux d'adresse et de goût qui sont le partage exclusif de notre sexe et que toute femme sensée rougirait d'ignorer.

Par vos soins enfin, le foyer de famille, centre des plus saintes affections, réunira tout ce qui peut délasser des soins extérieurs et consoler des chagrins de la société; vous y répandrez le charme d'un esprit cultivé uni à une âme aimante et à une conscience satisfaite d'avoir rempli tous ses devoirs. C'est là que vous développerez les premiers préceptes de la vertu, que vous enseignerez les premières vérités d'une religion consolatrice, et que vous goûterez le bonheur de prodiguer les soins de la reconnaissance filiale à ceux dont la tendre prévoyance aura causé votre félicité.

Mais s'il fallait, mes chères amies, que, soumises à la loi commune, un jour vous eussiez à courber la tête sous le poids de l'adversité, ah! n'oubliez jamais que le Dieu qui nous éprouve est aussi celui qui nous console; dans votre joie comme dans vos larmes, remontez jusqu'à lui par l'élan d'une piété tendre et solide qui soutient et fortifie la vertu.

Nous allons nous quitter pour quelque temps; les occupations de toute l'année vont faire place au plaisir, juste délassement de vos travaux. Livrez-vous sans entraves aux divertissements qui vous attendent; puissent-ils ne point vous faire oublier des avis que votre intérêt seul a dictés. Que la confiance et non la contrainte vous ramène à vos leçons ! Il est un âge où toutes punitions, toutes réprimandes doivent cesser, et où des exhortations maternelles peuvent seules parler à vos cœurs ouverts à une douce sensibilité. Qu'il soit un âge aussi, ô mes amies, où votre docilité soit le fruit de l'affection plutôt que du devoir, où la crainte de l'autorité disparaisse pour être remplacée par la raison qui comprend les conseils de l'amitié, et par la reconnaissance qui les grave dans son souvenir !

5 Septembre 1839

IV

La Douceur

Mes chères amies,

Voila encore une année d'écoulée ! Encore des prix, des couronnes ! Encore un jour de bonheur ! Ah ! puissiez-vous dire aussi : « Encore quelques qualités d'acquises ! » Car c'est là, mes amies, le point essentiel ; c'est votre cœur qu'il importe de perfectionner.

Tandis qu'il est ouvert aux plus douces impressions, ne prêterez-vous pas quelque attention aux conseils d'une voix amie ? Ils ne sont que le résumé de ceux que vous avez déjà reçus et que l'on voudrait pouvoir graver dans votre âme en traits ineffaçables, parce qu'ils n'ont pour but que votre bonheur, but fixe, but unique de toutes les mères, de celles que la nature vous a données comme de celles qui le sont devenues par la confiance de vos parents et par les soins voués à votre éducation.

C'est pour justifier cette confiance que sans cesse nous

vous engageons à réprimer vos défauts, et non pour le plaisir de vous contrarier. Auriez-vous pu le penser ? Comment se faire un jeu d'affliger l'âge aimable auquel l'indulgence voudrait tout pardonner, si la raison sévère ne disait que les larmes épargnées par une imprévoyante faiblesse couleraient un jour plus abondantes et plus amères. Ah ! mes amies, prévenons-les, ces larmes ; unissons nos efforts. Faites en sorte que le regret d'avoir perdu le temps le plus précieux de la vie, ne puisse jamais vous atteindre, et préparez-vous dès maintenant à l'accomplissement des devoirs qui vous attendent.

La mission d'une femme sur la terre n'est pas de chercher le bonheur seulement pour elle-même, mais de le donner à tout ce qui l'entoure. Rendre heureux ceux qu'on aime ! Elle est noble et douce cette tâche, mes amies. Appelées toutes à la remplir, vous aurez besoin de la douceur et de l'égalité du caractère : c'est là la première qualité d'une femme, « l'arme la plus efficace, a dit un grand penseur, qu'elle puisse opposer à l'emportement et à la contradiction. » Elle embellit toutes les vertus, fait aimer l'instruction dans celle qui la possède, et en fait pardonner l'absence chez celle qui n'a pas eu le bonheur d'en recevoir.

Qu'une femme ait acquis des connaissances et des talents, qu'elle y joigne l'esprit d'ordre et d'économie si essentiel à son sexe ; qu'elle ait un jugement sûr et une inclination naturelle pour tout ce qui est bien ; supposons même que, généreuse, elle ait plus d'une fois tari les larmes du malheureux, mais qu'en même temps elle soit emportée, difficile, d'une humeur chagrine, toujours prête à s'irriter pour la moindre contrariété ; certes, en rendant justice à ses qualités, on la plaindra de ne pas savoir y joindre cette douce aménité qui en doublerait le prix ; on souhaitera tout bas de n'être jamais condamné à vivre avec une femme qui lui ressemble. Efforcez-vous donc, mes amies, de détruire tout ce qui pourrait s'opposer en vous à la douceur qu'il vous importe d'acquérir ou de conserver ; ce n'est pas dans quelques années, c'est à présent, c'est aujourd'hui même que vous devez vous en occuper.

Pour vous, jeunes filles, commence de bonne heure la vie sérieuse. Aux jeux, aux plaisirs naïfs de l'adolescence succèdent promptement et souvent même s'allient les devoirs domestiques. Chargées de partager avec vos mères les détails du ménage, de consoler un père qui déjà n'a plus que vous pour compagne, de prodiguer à vos jeunes frères les soins que réclame leur faiblesse, irez-vous mêler l'aigreur à des fonctions si touchantes ? Oh ! non, non, jamais.

Pourquoi faut-il que souvent la tête l'emporte sur le cœur ? Que, malgré le désir de ne causer de peine à personne, on s'oublie quelquefois jusqu'à laisser échapper des paroles désagréables, dures peut-être, dont on gémit plus tard ? C'est alors qu'il faut de la persévérance, qu'il faut se tenir continuellement en garde contre son ennemi, ne pas se lasser de le combattre, et surtout ne pas désespérer du succès.

Ne dites jamais : « Il m'est impossible de vaincre ce défaut. » Rien de ce qui regarde le caractère n'est impossible quand on le veut fortement, quand on appelle à son aide Celui qui n'envoie à ses enfants que des épreuves dont ils puissent triompher, et qui ne les abandonne jamais à leurs propres forces, s'ils implorent son secours avec un vrai repentir.

La nature n'a pas également départi les dons de l'esprit et de la fortune ; elle n'a pas donné à chacune la beauté, cette fleur brillante et sitôt flétrie qui laisse tant de vide à celles qui n'ont su qu'être belles ; mais à chacune, mes amies, elle a donné un cœur capable d'apprécier les bontés de ceux à qui vous devez tout. Suivez-en les inspirations et vous surmonterez tous les obstacles.

Apprenez, lorsque les circonstances le demandent, à sacrifier de bonne grâce votre goût à celui des autres. Ces sacrifices sont pénibles d'abord, mais ils rapportent le centuple à la femme qui sait se les imposer, à celle dont l'unique ambition est de faire le bonheur des autres. Voyez-la dans son intérieur, le sanctuaire des vertus obscures et privées. Grâce à elle, jamais la discorde n'a régné sous le toit qu'elle habite. Parle-t-elle ? Une tendre bienveillance donne à tout ce qu'elle dit, au son de sa voix même, un charme inexprimable. Le plus aimable sourire embellit sa physionomie toujours empreinte du calme de son âme et de la satisfaction d'avoir rempli tous ses devoirs. Aussi ses serviteurs la regardent comme une mère ; ses enfants, ses parents, son époux auxquels elle fait goûter ce que l'existence a de plus doux, tous la bénissent, tous la nomment l'ange du foyer domestique. Elle fut jeune aussi cependant, elle eut les défauts de son âge ; mais s'occupant sans cesse à les corriger, elle devint élève docile, fille tendre et soumise, compagne douce et complaisante : pouvait-elle ne pas être plus tard le modèle des épouses et des mères ? Comme elle aussi, vous vous appliquerez à la douceur et à la docilité : ainsi vous maintiendrez la concorde parmi vous.

Il est un témoignage qu'ici nous avons besoin d'exprimer : mes chères amies, vous nous avez rendues heureuses par l'union qui a régné entre vous. Dans vos jeux, au travail, partout un œil vigilant vous a suivies, et si l'année n'a pu s'écouler sans que quelques nuages se soient élevés, du moins se sont-ils dissipés au premier mot qui vous faisait rentrer en vous-mêmes. Vous avez montré les unes pour les autres de l'amitié, de la prévenance. Qu'en est-il résulté? L'une de vous allait rentrer dans sa famille chérie dont elle pouvait en quelque sorte se croire exilée par l'obligation d'acquérir son instruction : malgré la joie que devait lui causer son retour au foyer paternel, elle n'a pu, sans répandre des larmes, quitter ces lieux où elle avait retrouvé de nouvelles sœurs.

Ah! mes amies, conservez bien cet esprit d'union et de fraternité. Que, en ce jour, on voie celle d'entre vous dont le travail aura reçu sa récompense, oublier un instant son bonheur, déposer ses couronnes pour aller consoler celle qui n'aura pas obtenu les mêmes succès; loin d'insulter à sa tristesse par la démonstration d'une joie excessive, qu'elle l'aide à essuyer ses larmes. C'est ainsi qu'elle se fera pardonner sa supériorité, et que la moins favorisée, loin d'éprouver pour elle le sentiment pénible de la jalousie, la prendra pour son modèle, non seulement à cause de son application au travail, mais encore pour les qualités qui la font aimer de ses rivales, qui doublent la joie de ses parents et nous dédommagent en un instant des peines d'une année.

7 Septembre 1840

V

Hors du Devoir pas de plaisir

Mes chères amies,

Tandis que, toutes rassemblées sous nos yeux, vous ne faites encore qu'une famille liée par les mêmes sentiments et animée du même esprit, avant qu'aucune de vous ait dit adieu à ses sœurs d'étude, profitons des courts instants qui nous restent à passer ensemble, pour rappeler une dernière fois quelques-uns des conseils que vous aimiez à recueillir, lorsque, groupées autour de nous, vous nous questionniez sur vos devoirs présents et sur vos obligations futures.

Puisse, un jour, le souvenir de ces leçons du cœur compter pour quelque chose dans le bonheur de votre vie! Puisse-t-il vous aider à maintenir dans votre âme cette pure sérénité d'une conscience qui ne connaît d'autre émotion que la douce satisfaction d'avoir fait tout le bien qu'elle a pu. Déjà, mes bonnes amies, vous l'avez éprouvé vous-mêmes, déjà votre jeune expérience a senti que tout plaisir, pris aux dépens du devoir, est faux et passager; qu'il n'en reste rien à l'âme que malaise et amertume. Lorsque, pressées par le désir de vous exempter d'une tâche difficile, et par l'appât de quelque divertissement si vivement goûté à votre âge, vous parvenez, n'écoutant que la raison, à sortir victorieuses de la lutte, ne vous sentez-vous pas plus heureuses et plus fortes, et le soir, n'allez-vous pas présenter votre front avec plus d'assurance au baiser maternel? Si, au contraire, trop faibles un instant pour résister à une mauvaise inspiration, vous vous êtes rendues coupables de l'un de ces torts qui portent le mécontentement dans le cœur de vos parents et appellent sur leur visage une sévérité inaccoutumée, oh! alors que ne feriez-vous pas pour pouvoir racheter votre faute? Avec quel courage vous sacrifieriez vos amusements les plus chers, pour voir le sourire renaître sur les lèvres de votre père, pour entendre votre mère vous prodiguer comme à l'ordinaire les plus doux noms, et pour faire taire surtout cette voix intérieure qui vous crie : tu l'as mérité!

Ah! qu'elle est salutaire, cette voix! Gardez-vous de l'étouffer; malheur à celle chez laquelle elle n'a plus d'écho! Privée de ce guide sévère, mais toujours sûr, l'infortunée qu'entraînent ses passions, marche en aveugle vers un abîme où s'engloutissent son repos, son honneur, et les trompeuses illusions qui l'ont égarée. Craignez un sort si funeste, mes amies; écoutez, écoutez la voix de la conscience. Tandis que, libre encore des faux prétextes que se forgent ceux qui veulent composer avec elle, elle fait vibrer, pures et sonores, toutes les cordes de votre âme, habituez-vous à en suivre toutes les inspirations. Elle vous dira toujours que, sur cette terre, il ne faut point chercher le bonheur ailleurs que dans l'accomplissement des devoirs à nous imposés et par notre position sociale et par les précieux liens du sang ou de l'amitié.

Cette conviction vous soutiendra contre les dangers du monde et l'aspect séduisant des faux plaisirs. C'est elle qui console l'homme pauvre et vertueux dans sa mansarde et fait que, au milieu des privations de toute espèce, il ne voudrait pas de l'aisance s'il fallait l'obtenir au prix d'une action coupable. Le devoir nous commande souvent de pénibles et douloureux sacrifices; mais hélas! la nécessité de travailler et de souffrir n'est-elle pas une condition essentielle de notre existence ici-bas, et pourrions-nous nous plaindre d'acheter trop cher une éternelle félicité ?

Cependant, Dieu bon et miséricordieux a voulu sauver sa faible créature du découragement et du désespoir, en permettant que chacun de ses devoirs trouvât en lui-même sa récompense, ainsi qu'il a placé au milieu du désert la fraîche oasis et la source jaillissante.

Voyez la jeune mère au berceau de son enfant : bals, plaisirs, parures, elle a tout sacrifié aux soins qu'exige la frêle créature. Pâle, fatiguée de ses veilles, souffrant des maux de son enfant plus que des siens propres, elle trouve dans sa pénible tâche une source de jouissances mille fois plus douces que ne lui en ont jamais procuré les divertissements et les fêtes. Que lui font toutes les joies du monde, quand son fils a souri ? Ce sourire semble celui d'un ange; il vivifie tout son être et lui donne une force surnaturelle pour supporter les nouvelles peines auxquelles elle est réservée.

Que la tendre Éponine dont le triste sort a fait plus d'une fois couler vos larmes, fût restée dans ce monde où ses charmes, sa beauté, l'éclat de sa naissance lui promettaient une existence brillante ; croyez-vous que malgré le prestige de la fortune, entourée de tout ce qui peut séduire l'imagination, elle eût oublié jamais Sabinus proscrit, traînant languissamment ses jours dans un antre ténébreux ? Eût-elle oublié que l'époux auquel elle avait juré d'associer sa destinée, s'était trompé en comptant sur le cœur d'Eponine ? Cette pensée eût empoisonné tous ses instants ; non, non, la caverne de Sabinus est préférable pour elle à tous les palais, et la pierre du cachot qu'elle partage avec son époux lui procure un plus doux sommeil que ne peut faire une couche molle et somptueuse, avec le remords veillant au chevet.

Et toi, vierge touchante, seule consolatrice d'un vieillard qu'ont accablé toutes les misères, toi que le sort avait fait naître au rang suprême, tu puises dans l'immolation des espérances de ta jeunesse, la force de supporter mille opprobres, tu braves tous les dangers plutôt que d'abandonner ton père aveugle. Devant toi, les siècles s'inclineront, et le nom d'Antigone sera répété d'âge en âge comme le modèle de la piété filiale.

Combien de dévouements obscurs ont échappé à la connaissance des hommes ! Combien de cœurs abreuvés d'amertume n'ont trouvé d'encouragement que dans la pensée de n'avoir pas mérité leurs peines, et dans l'espérance que Celui qui voit tout leur tiendrait compte un jour de leur innocence. Mais en vain, mes amies, vous chercheriez l'exemple d'une femme qui ait su concilier le bonheur avec l'oubli de ses devoirs. Quand elle parviendrait à faire disparaître ses torts aux yeux du monde, elle n'en serait pas moins coupable à ses propres yeux, et l'aiguillon du remords lui ferait une blessure qu'aucune jouissance ne pourrait fermer. Si elle ne s'est pas souvenue que la véritable gloire d'une femme consiste dans une réputation intacte, dans le bon ordre de sa maison et le bonheur qu'on y voit régner, vainement elle demandera à la vanité un autre triomphe. Briguera-t-elle une part de la célébrité? Essaiera-t-elle de parer son front des couronnes réservées au génie? Ah! qui lui rendra la plus belle de toutes les couronnes : l'amour de ses enfants et de son époux, et l'estime de tous! Non, jamais les illusions de l'amour-propre ne remplaceront les joies du cœur : celles-ci ne passent pas; elles sont de tout temps et de tout âge; on les retrouve à cette époque de la vie que la frivolité n'entrevoit que comme un horizon couvert de sombres nuages, mais que l'âme forte et le cœur sensible abordent pleins de confiance, sachant que le Dieu qui créa des fleurs pour chaque saison a fait aussi du bonheur pour tous les âges. Pour qui sait se soumettre aux circonstances et accepter avec résignation les embarras de sa position, il existe des jouissances inconnues aux esprits inquiets et rebelles.

Combien est-il donc nécessaire de se faire de ses devoirs une règle que rien ne puisse enfreindre!

Pour vous, mes amies, c'est en remplissant exactement tous ceux que l'on demande à votre âge que vous vous préparerez à ceux qui vous attendent. Faibles et inexpérimentées encore, il vous suffit d'écouter les avis de ceux qui vous aiment.

Soyez douces et indulgentes pour vos compagnes.

Soyez attentives et prévenantes pour vos parents, en reconnaissance de leurs tendres soins. Afin de leur rendre amour pour amour, vous n'avez besoin que de consulter votre cœur, car c'est là toujours que notre loi doit être écrite.

Studieuses, appliquées, continuez de vous laisser guider avec candeur et docilité, comme vous l'avez fait jusqu'ici, et nous ne saurons plus si la tâche de vous instruire et de vous diriger dans la vertu est pour nous un devoir ou un plaisir.

6 Septembre 1841

VI

L'OBÉISSANCE

Mes amies,

Vous êtes toutes bien inquiètes, bien agitées... Nous ne voudrions point prolonger votre attente; mais habituées à lire dans vos cœurs, nous savons que, si c'est pour nous un besoin de ne vous laisser aller qu'après vous avoir fait nos dernières recommandations, pour vous aussi, c'en est un d'emporter cette dernière preuve de notre attachement.

O mes amies, encore un conseil, encore un témoignage réciproque de confiance et d'affection, puis vous irez porter votre joie au sein de vos familles, ou bien y chercher des consolations et former de saintes résolutions; résolutions saintes, car elles seront contractées aux pieds de vos mères, et Dieu bénit l'enfant qui a foi en sa mère. Mais avant de voir commencer ce temps heureux des vacances pour lequel vous formiez à l'avance de si riants projets, songez-y : il devra être aussi pour vos parents une époque de douces jouissances, et c'est à vous qu'ils les demanderont, c'est dans vos qualités morales qu'ils devront les trouver ! Or, si ces couronnes que vous allez obtenir peuvent attester votre ardeur pour l'étude ; si les tendres caresses que vous allez prodiguer à vos pères, à vos mères chéries, leur sont de doux témoignages de votre amour, croyez-en notre amitié : le plus sûr moyen de leur prouver une tendre reconnaissance et une juste appréciation de leurs bienfaits sera, de votre part, une entière docilité. Il n'est point de paroles, point d'embrassements qui puissent mieux exprimer les sentiments dont vos cœurs sont pénétrés à leur égard, que cette aveugle soumission qui naît d'une confiance illimitée. Outre qu'elle les assurera que votre premier désir est de leur plaire, elle les remplira de sécurité pour votre avenir.

Oh ! vous ne savez pas tout ce que promet de bonheur la docilité d'un enfant ! Cette vertu si nécessaire à la jeunesse, est la base de toute bonne éducation. Elle est votre premier mérite, à vous, chères petites, qui ne connaissez de la vie que vos jeux et les caresses de vos parents, et pour qui les éléments arides d'une première étude sont un langage que vous commencez à peine à comprendre. Et vous aussi avez besoin de la docilité, jeunes filles qui déjà entrevoyez l'étendue des devoirs auxquels vous êtes appelées. Vous ne saurez trop, mes amies, vous abandonner aux mains qui vous guident, ni trop tôt vous habituer à la soumission et à l'obéissance ; car elles seront les devoirs de toute votre vie.

Obéir toute la vie ! ce mot vous semble bien dur peut-être ? Eh ! quoi, chères petites, tout n'obéit-il pas dans le monde ? Est-il un seul être qui puisse dire : « Je ne reconnais que ma volonté. » La religion et la société n'imposent-elles pas à l'homme des obligations auxquelles il ne peut se soustraire sans se perdre ? Lui est-il permis de satisfaire ses passions aux dépens du repos de ses frères ? De quelque côté que se portent vos regards, vous voyez les lois de l'obéissance écrites en tous lieux. Levez la tête : ces globes qui étincellent aux voûtes infinies, ce soleil qui nous éclaire, cette terre qui nous porte depuis des milliers d'années, obéissent à la main qui les a lancés dans l'espace, à la puissance qui a dicté les lois de leur cours et de leur équilibre.

Autour de nous, dans les airs, dans les eaux, partout où l'on vit, tout ce qui respire est assujetti aux immuables décrets de la Providence. Ainsi, quand la nature entière porte le caractère de la soumission, quand celui-là même qui d'un mot apaisait les tempêtes, a courbé la tête sous le coup des jugements humains, nous, femmes, nous nous révolterions à l'idée de la dépendance ! Celle-ci ne fut-elle pas la sentence prononcée contre notre première mère ? Mais, où est d'ailleurs la force qui pourrait seconder l'exécution de notre volonté ? Possédons-nous ces membres robustes qui savent façonner et la pierre et le bronze ? Avons-nous cette voix sonore qui domine et le fracas des armes et le bruit des orages politiques ? Non ; nous sommes faibles et le danger nous effraie. La nature nous créa pour être protégées, non pour dominer.

Ne pensez point pourtant, chères petites, qu'une morale austère veuille vous préparer à toujours souffrir. Sans doute, il est pour vous des fleurs dans les champs de l'avenir, mais nous voulons vous apprendre à les cueillir avec discernement, à vous contenter de la part qui vous est faite dans les jouissances de ce monde, sans prétendre usurper des droits qui ne nous appartiennent pas. On ne veut donc pas vous dire que, esclaves sur cette terre, vous deviez sans relâche vous baisser sous le joug ou l'embrasser avec servilité. Non, non ; comprenez votre position et sachez l'ennoblir. Si le tendre lierre suit dans tous ses contours le chêne qui soutient sa tige flexible, vous voyez aussi, mes amies, qu'il lui prête un charme de plus ; il embellit ce tronc noueux d'un feuillage toujours vert. Ces festons, ces guirlandes qu'il forme autour de l'arbre protecteur, lui donnent un air de fête et lui font une nouvelle parure que ne peuvent lui enlever ni les vents de l'automne, ni les frimas de l'hiver.

Eh ! bien, mes amies, nous aussi, nous devons embellir l'existence de ceux qui nous protègent, les enlacer des liens de notre affection, étudier leurs goûts, suivre leurs inclinations, partager avec eux les vicissitudes de la fortune, et, lorsque le souffle de la vieillesse aura fait tomber une à une toutes les joies de leur existence, leur faire retrouver encore dans la triste saison de la vie toutes les jouissances du sentiment, cette fleur qui ne se flétrit point.

Voilà notre tâche, mes bonnes amies. Est-il rien de plus doux que de voir heureux ceux qu'on aime et de pouvoir se dire : je contribue à leur bonheur. Ne nous plaignons pas, puisqu'en nous donnant un cœur, la nature a changé nos devoirs en plaisirs.

Mais comment trouver des charmes dans un dévouement constant, dans une continuelle abnégation de soi-même, si l'on ne peut souffrir la plus légère contradiction et si jamais l'on n'a su réprimer un seul de ses désirs, en un mot, si l'on n'a profité de sa jeunesse pour se plier à toutes les directions qu'une main prudente aurait voulu nous donner ? Heureuse la jeune fille attentive, prévenante, docile au moindre vœu de ses parents ! Elle se prépare un heureux avenir et jouit dans sa position présente d'un calme parfait. Profitant de l'expérience des amis qui la dirigent, elle n'achètera point la sienne au prix des larmes du repentir. Mais hélas ! trop souvent une jeune imprudente se figure que le temps de l'obéissance ne s'étend pas au delà des limites de l'enfance ; elle se fait un horizon d'azur de l'époque où elle se verra affranchie de l'étude et des leçons. Alors, se dit-elle, je serai libre enfin ! — Pauvre enfant, le crois-tu ? Cette époque à laquelle tu aspires est celle où plus que jamais tu auras besoin d'un guide. Tu vas marcher dans une terre inconnue, et des précipices sont ouverts devant toi. Tu ne saurais plus faire un pas sans t'appuyer sur le bras de ta mère. C'est à ce moment que les yeux commenceront à s'ouvrir sur toi et que le monde te jugera. Alors ton inexpérience et ton innocence même seront pour toi de dangereux écueils. Songe bien, songe que la moindre de tes démarches doit avoir l'approbation maternelle. Que ton regard ne la quitte point, cette bonne mère ! Consulte-la sans cesse, comme le pilote infatigable qui, dans l'obscurité des nuits, a les yeux constamment tournés vers l'étoile du salut. Cesse donc de désirer ta liberté. As-tu vu l'aveugle souhaiter jamais d'être débarrassé de la main qui conduit ses pas incertains? Tu aimes ta mère : crains donc d'affliger sa tendresse inquiète. Elle a soigné ton enfance ; elle a pleuré sur tes maux physiques ; mais combien plus amères seraient ses larmes si elle devait en verser sur les égarements de ton cœur ! Crois qu'il lui en coûte plus qu'à toi de t'imposer quelques privations. Si elle te demande aujourd'hui un léger sacrifice, c'est afin de t'épargner un chagrin, une douleur réelle pour l'avenir.

O vous, enfants que la tendre prévoyance de vos parents a confiées à nos soins, vous qu'ils nous ont recommandées comme les plus chers objets de leur affection, pénétrez-vous bien de cette vérité que toutes nos exhortations, nos leçons, nos conseils n'ont pour but que de vous rendre heureuses. Nous sommes chargées de remplacer vos mères : une mère peut-elle vouloir autre chose que le bonheur de son enfant ? Remplacer une mère !... quelle responsabilité ! Ah ! si nous sommes heureuses et fières de la confiance que vos parents ont placée en nous, ce n'est pas non plus sans un sentiment de crainte que nous avons abordé une tâche si grande. O mes amies, aidez-nous à la remplir, cette tâche sacrée, unissons nos efforts ; concourons toutes au même but ; ne nous lassons point, nous, de vous entourer d'une tendre sollicitude, vous, d'entendre et de suivre nos avis. Ne craignez point de vous soumettre, lors même que vous ignorez quel sera le résultat de ce qu'on exige de vous. Car, enfants, le présent est tout pour vous ; votre passé, c'était hier ; votre avenir, c'est demain : ni l'un ni l'autre ne vous importent. Ah ! jouissez, jouissez longtemps de votre paisible insouciance ; mais laissez vos parents, laissez ceux qui vous aiment vous tracer une route plus facile, au milieu des épines de la vie.

Vous voici toutes en ce moment rassemblées sous nos ailes ; un jour viendra pourtant où, dispersées sur la scène du monde, chacune de vous aura à remplir la mission que le ciel a réservée à la femme : aimer, consoler, obéir. Donnez-nous à penser que vous saurez dignement vous en acquitter. Oui, pénétrées du sentiment impérieux de vos devoirs, soutenues par cette piété solide qui fortifie et encourage, vous posséderez les qualités qui rendent une femme heureuse et estimée. Alors aussi, notre tâche à nous sera achevée. Que nous restera-t-il à désirer, chères amies ? Un souvenir seulement, qui, dans la position où le ciel vous aura placées, vous fasse penser quelquefois qu'une des causes de votre bonheur commença avec votre docilité de jeune fille, sous le modeste toit du pensionnat.

5 Septembre 1842

VII

La Modestie

Mes chères amies,

Quand nous vous contemplons toutes ainsi réunies, parées de vos blanches et fraîches toilettes, parées surtout de vos émotions, de vos espérances et de la candeur de votre âge, au tendre intérêt qui pénètre nos cœurs s'unit un sentiment d'inquiète sollicitude. Nous cherchons du regard si, parmi tant de fronts timides, un seul ne trahirait point une présomptueuse confiance... Mais non, rassurons-nous. Aucune de vous ne semble se prévaloir à l'avance d'un succès, lors même que l'intime témoignage de sa conscience lui dirait qu'il est assuré.

Enfants, restez ainsi; gardez votre attitude simple et réservée; modeste dans l'attente, modeste dans le succès, voilà comme nous vous aimons. Alors nous pourrons vous laisser lire dans notre âme la vive satisfaction dont vous l'avez remplie. Nous ne craindrons point de vous dire que si, pour un petit nombre parmi les plus jeunes, il faut encore regretter les moments perdus, pour la plupart du moins, l'année qui nous quitte fut bien employée. Presque toutes, vous avez répondu à nos soins selon vos forces et selon votre âge. Mais vous, vous surtout qu'une raison plus mûre rend plus aptes à comprendre les devoirs réciproques qui nous unissent, vous enfin à qui votre âge et notre cœur ont donné le nom de nos filles aînées, c'est avec bonheur que nous le disons : parmi vous il n'y a point d'exception à faire ; vous avez rendu notre tâche douce et facile ; vous êtes enfin arrivées à ce point où l'étude n'est plus un devoir, mais un plaisir.

Chères enfants, nous ne redoutons pas que l'amour-propre apporte ses prétentions sur ce témoignage uniquement adressé à vos cœurs : il n'a pas eu de part à vos travaux, pourrait-il se mêler à la récompense ? Lorsque, dans l'ardeur de votre zèle, vous disiez : « Je travaille pour m'instruire ; je ne pense ni aux prix, ni aux couronnes ; je veux profiter de mon année ; je veux être contente de moi. » Nous les avons recueillis avec délices, ces mots échappés de votre bouche ingénue. Ah ! conservez de semblables sentiments ; faites le bien pour lui-même ; ne songez pas aux éloges. Le contentement de soi-même, voyez-vous, est une fleur si délicate, qu'elle craint l'éclat et la lumière ; il faut la cultiver à l'ombre, et lui élever un temple secret dans son cœur. Aimez l'étude ; aimez tout ce qui, comme elle, contribue à élever l'âme ; mais livrez-vous-y en silence ; rappelez-vous qu'une femme ne doit point aspirer à briller et que, du moment où elle perdrait la modestie, nul ne lui tiendrait compte des autres dons que la nature lui aurait prodigués. Sans la modestie, la beauté choque et déplaît; l'instruction devient à charge; enfin l'esprit souvent blessant, et la vertu, la vertu elle-même, perdent les plus séduisants de leurs charmes. Avec la modestie, au contraire, toutes les qualités doublent de prix; elle supplée même à leur absence. Qui songe à regretter la régularité des traits dans un jeune visage qu'elle couvre de son aimable rougeur? Qui aurait le courage de reprocher son ignorance ou l'insuffisance de ses moyens à celle qui, voyant sans jalousie chez les autres les avantages qui lui manquent, se défie d'elle-même, et, par les douces qualités de son cœur, semble vous demander grâce pour son esprit. Ah! qui ne la préférera mille fois à la jeune fille qu'une beauté plus éclatante, une mémoire plus ornée ou un esprit plus vif et plus pénétrant ont rendue fière et orgueilleuse. Sans cesse elle accable les autres de sa supériorité; elle prétend se mêler à toutes les questions, et son regard satisfait vous dit à chaque instant: admirez, applaudissez! Quelquefois même, sacrifiant à sa vanité les avertissements de son cœur, elle lance impitoyablement les traits de la satire sur celles de ses compagnes qui, plus faibles, plus craintives, courbent la tête sous ses sarcasmes et ne se vengent de ses railleries qu'en se faisant aimer au lieu de se faire admirer. Funeste présomption qui éblouit une jeune âme et la détourne de sa destination primitive; qui étouffe en elle les sentiments les plus naturels, et fait que, chaque jour, elle cause une douloureuse blessure au cœur de sa mère, en dédaignant ses tendres avis!

Quoi donc a pu l'aveugler ainsi? — Hélas! des éloges exagérés et quelques faibles succès ont suffi pour la pénétrer de sa propre importance. La pauvre petite ignore qu'après avoir atteint les limites des études ordinairement assignées à son sexe, une jeune personne en sait seulement assez pour pouvoir écouter avec intérêt. Elle ne s'est donc point aperçue que plus on apprend, plus on voit combien il reste à apprendre ? Voilà ce qui rend le véritable savant si modeste ; voilà pourquoi sans cesse il est en garde contre lui-même ; tant de fois il a eu lieu de reconnaître combien l'humaine raison est limitée ; tant de fois l'expérience lui a prouvé que, s'il est des secrets que la Providence a permis à l'homme de pénétrer, il en est plus encore qu'elle s'est réservés.

Si le sacrifice d'une vie entière, consacrée à une étude spéciale, oblige encore à tant de circonspection, combien ne doivent pas craindre de s'exposer au grand jour celles que la nature et les lois de la société ont vouées à l'obscurité de la vie intérieure ! Car, chères enfants, il ne faut pas vous faire illusion : si vous entendez répéter chaque jour que l'instruction des femmes est aujourd'hui beaucoup plus étendue qu'elle ne l'était autrefois, persuadez-vous qu'elle est bien loin encore d'égaler celle des hommes. Sans doute on ne la croit plus incompatible avec les occupations privées ; au contraire, on veut que par elle, votre esprit s'éclaire, votre jugement se perfectionne ; on veut enfin que vous deveniez femmes solides, mais non point femmes savantes : le mot serait encore marqué du sceau du ridicule, aussi sévèrement qu'au siècle où il fut exposé sur la scène à la censure publique.

On vous fait participer à des études qui étaient alors une exception pour notre sexe ; on vous permet d'aborder le champ même de la science ; mais c'est à condition que vous n'y pénétrerez pas trop avant, ou que du moins vous ensevelirez dans le plus profond secret les mystères auxquels vous aurez été initiées. Vous pouvez lever les yeux vers la voûte immense, apprendre à bénir le Créateur par la contemplation de ses ouvrages; mais vous n'essaierez pas d'y prendre un trop rapide essor : la part de l'aigle n'est pas faite pour de timides colombes. Assises sur le bord, vous écouterez le récit de lointains voyages, mais vous saurez que votre vie tout entière appartient au toit domestique; vous l'avez quitté pour venir consacrer à l'étude les belles années de votre adolescence, et, à l'âge où le jeune homme part d'un pas plus assuré pour s'avancer dans la carrière qu'il s'est frayée, vous, jeunes filles, vous dites adieu à nos classes pour rentrer dans la maison paternelle. Là doit commencer pour vous une nouvelle éducation; là, sous les yeux de vos mères, formées par leur exemple, vous devez vous habituer à la pratique de ces devoirs essentiels dont nous ne pouvons vous donner que la théorie, et que toute femme sensée doit placer en première ligne de ses connaissances.

Si différents que soient dans leurs détails le rang et la fortune, les devoirs sont partout les mêmes dans leur ensemble. Partout et avant tout, la femme est fille, épouse, mère; partout elle en éprouve les délicieuses jouissances, partout hélas! les mortelles douleurs. Le bonheur de sa famille est sa gloire; son trône, c'est le cœur de son époux; sa couronne, le respect et l'amour de ses enfants; pour elle, tout le reste n'est qu'accessoire. C'est pour remplir les fonctions attachées à ces titres sacrés que la nature nous a créées; mais en nous destinant à comprendre toutes les douleurs afin de les soulager, elle a rendu nos fibres plus sensibles et plus délicates, nos sensations plus mobiles : par cela même, rarement elle nous a donné la tension d'esprit et la profondeur de raisonnement nécessaires aux choses abstraites.

Si donc l'homme doit s'élever par son génie, la femme doit rester dans sa sphère, ou du moins se contenter des plus douces prérogatives de son sexe ; car, les travaux qu'exige la renommée avant de dispenser ses couronnes, s'accordent mal avec les devoirs qui nous sont imposés. Jamais, peut-être, plus que dans notre siècle, le préjugé qui interdisait aux femmes la culture des lettres et des arts n'a été démenti. Combien de femmes ont égalé, ont surpassé même, les hommes dans la poésie, celle du cœur surtout ! Mais combien aussi se sont perdues en voulant suivre les élans d'une ardente imagination !

S'il nous était permis de soulever les lauriers dont quelques-unes ont paré leurs fronts, ne serions-nous point effrayées des ravages précoces qu'y ont imprimé les tourments de l'ambition, le besoin d'étouffer les rivalités, et par dessus tout peut-être, le regret d'avoir délaissé les plus saintes affections, pour les joies chimériques et souvent si passagères de la renommée. On dit que le premier fruit qu'elles retirent de leurs succès, est la jalousie des autres femmes....

Oh ! ne soyons point assez faibles pour leur envier une gloire qu'elles ont payée si cher ! Parmi les femmes illustres, pourtant, il en est qui, loin de négliger les sentiments de la nature, leur ont dû au contraire une célébrité qu'elles ont acquise sans le vouloir, presque sans le savoir. En rendant leur plume confidente de leur pensée, elles ne prétendaient point aux honneurs de la postérité. L'une répandait en flots d'amour les trésors de son cœur maternel ; une autre cherchait dans les inspirations du sien des consolations contre d'amers chagrins.

Réduite à pleurer son époux, sans enfants, sans famille, elle écrivit dans la retraite et consacra le produit de ses ouvrages au soulagement de l'infortune. Aussi modeste dans ses talents que dans ses bienfaits, elle taisait son nom, et, quand la reconnaissance et l'amitié trahirent son secret, elle rougit de se voir placée au rang des illustrations de son époque. Nul ne songea à lui contester sa réputation, parce qu'elle ne l'avait point cherchée, parce qu'elle semblait s'être fait une loi de cette devise qu'avait adoptée une autre femme célèbre (*) : « Le silence est l'ornement des femmes.... » Ah ! voilà les modèles qu'il faudrait suivre si l'on se sentait appelée par la puissante voix du génie, si aucun devoir n'y était sacrifié. Mais toutes les fois qu'une jeune fille est tourmentée du désir d'être citée et remarquée, on peut à coup sûr prédire qu'elle sera malheureuse. Un homme peut rester dans la médiocrité, il n'y perd que les rêves de son orgueil ; une femme qui a voulu s'élever et qui tombe, s'attire le mépris et le ridicule. Ah ! ne vaut-il pas mieux user des présents de la nature pour le seul bonheur de ceux qui nous entourent, et les réserver pour le sanctuaire de la famille plutôt que de les aller prodiguer follement sur les autels de la vanité ? Là, du moins, au lieu de les voir dispersés en lambeaux sous les ongles de la critique et de l'envie, nous trouverons l'indulgente amitié toujours prête à accueillir nos moindres efforts. Au lieu d'une vaine fumée d'encens, nous amasserons autour de nous les plus solides jouissances. Qu'on ne dise pas que loin d'un théâtre brillant, l'esprit et les talents deviennent inutiles ; si nous comprenons bien notre position, nous trouverons mille moyens de les

(*) Madame Dacier.

employer : qu'ils nous servent à égayer les paisibles réunions de parents et d'amis, à écarter la dangereuse oisiveté. Faisons succéder aux fatigues du jour les plaisirs tranquilles de l'intimité ; répandons les saillies de la gaîté et le charme du sentiment sur les douces causeries du soir. Oh ! dites : n'est-ce pas recevoir déjà le prix de notre faible mérite, que de voir s'éclaircir sous notre regard le front soucieux du chef de famille, et d'appeler le sourire sur les lèvres d'un père ? Les applaudissements de l'univers valent-ils le sourire de ceux qu'on aime ?

A votre jugement développé par la réflexion qu'ont nécessitée vos études, une autre part encore est réservée. Par l'heureux mélange d'une raison sûre et d'un esprit éclairé, rendues dignes de comprendre les nobles conceptions de l'intelligence, vous deviendrez la confidente des projets sérieux, et vos avis ne seront point jugés inutiles à la réussite des grandes entreprises. Que de femmes ont ainsi, du fond de leur retraite, contribué aux succès de leurs époux ! Combien qui, dans le secret du cabinet, ont été associées aux travaux les plus élevés, et se sont trouvées plus fières et plus heureuses de la part cachée qui leur était due, que si leur propre nom eût été proclamé en triomphe.

Vous le voyez, chères enfants, malgré l'obscurité de notre destinée, rien de ce qui nous a été donné ne peut être perdu. Tout ce qui vient de nous doit tendre au bonheur des êtres que le ciel a placés près de nous. Cherchez donc, tandis que vous êtes dans le temps favorable, à vous créer des ressources pour un avenir de dévouement. Toutes vos études doivent tourner au profit du cœur, jamais ne s'appliquer aux misérables satisfactions de l'amour-propre. Tout à l'heure, chères petites, une occasion s'offrira de prouver que vous avez compris nos conseils : A...! quel que soit le résultat aujourd'hui réservé à vos travaux, souvenez-vous que vous n'êtes toutes aux yeux de Dieu et de la société que de simples jeunes filles, bien ignorantes encore de ce qui constitue le véritable mérite. Que cette conviction vous rende modérées dans votre joie, résignées dans votre défaite. Puissions-nous avoir encore la preuve de la tendre amitié qui vous unit, voir les plus heureuses essuyer les larmes de leurs sœurs affligées, et celles-ci trouver dans leur chagrin un sourire pour les succès de leurs compagnes. S'il en était ainsi, nous n'aurions plus rien à souhaiter ! Alors, bonnes petites, une noble récompense, qui ne serait point le partage d'un petit nombre, vous appartiendrait à toutes. Oui, malgré la faiblesse de votre âge, vous mériteriez l'estime générale. Qui ne verrait en vous, en même temps que l'élève modeste et la rivale généreuse, la fille tendre et soumise, la jeune personne candide, innocente, ne voulant point briller aux dépens des autres, et ne demandant qu'à passer oubliée et inaperçue? Qui enfin n'envierait le bonheur de vos mères ?

Quant à nous, pleines de confiance en l'avenir, nous vous remettrions sans crainte aux bras de vos parents, vous à qui nous nous adressons aujourd'hui pour la dernière fois ; et nous poursuivrions notre tâche en toute sécurité avec celles qui, pour quelques années encore, doivent rester confiées à nos soins.

5 SEPTEMBRE 1843

VIII

EFFORTS COMMUNS DU MAITRE & DE L'ÉLÈVE

MES AMIES,

VOUS touchez enfin au but désiré; tout à l'heure va commencer la réalisation des projets charmants dont se berçait à l'avance votre jeune imagination. Pourtant, — nous l'avons remarqué, — à l'insu de vous-mêmes, une pensée sérieuse se mêlait à vos riantes préoccupations. Jetant un coup d'œil en arrière, vous disiez hier : « Que l'année s'est donc promptement écoulée ! » Ce mot, à la veille d'un jour que vous avez tant souhaité, exprimait tout ce que vous ressentiez de crainte et d'agitation. Ah ! chères enfants, si vos cœurs sont vivement émus, les nôtres ne le sont pas moins. Votre bonheur, nous le partageons ; vos regrets, nous les comprenons. Tout n'a-t-il pas été commun entre nous dans ce temps sitôt passé?

Votre attention ne s'est jamais arrêtée peut-être sur cette réciprocité d'existence qui nous fait vivre de la même vie que vous, nous occuper des mêmes travaux, et jouir des mêmes plaisirs. C'est de vous à nous un échange continuel d'impressions et de sentiments ; toutes nos pensées, toutes nos actions n'ont que vous pour objet. Nous vous prodiguons nos soins et notre affection ; vous nous donnez en revanche une part dans vos progrès, une part dans votre confiance, une part dans votre amitié. Nous voulons vous rendre aptes à mériter un jour l'estime du monde, et vous nous la faites acquérir en montrant dans votre caractère et votre perfectionnement de chaque jour, le fruit de nos efforts. Nous développons dans vos cœurs la connaissance et l'amour du Dieu qui a tout fait pour vous en vous donnant vos parents, et vous, vous êtes les doux et chers instruments qui nous servent à obtenir les bénédictions de ce père céleste, sous les yeux duquel nous accomplissons notre mission de veiller sur l'enfance ; la mission est si sainte et si précieuse que l'on tremble de n'en être pas digne, quand on songe que Dieu a voulu y associer ses anges.

Oui, mes amies, du moment où vous nous êtes confiées, unies par des devoirs mutuels, nous marchons ensemble vers un seul but : celui de votre amélioration. Dès cet instant commence notre tâche et la vôtre ; malheur à nous, si nous n'en sentions pas toute l'importance ! Elle ne sera pas toujours facile cependant : des deux côtés se présenteront des obstacles ; mais la persévérance nous les fera surmonter.

La première difficulté naîtra du changement qui va s'opérer dans votre position. Jusqu'au jour où vous entrez en pension, enfant chérie et souvent enfant gâtée, vous jouissez entièrement des prérogatives de votre âge. Soit que vos parents cherchent à étouffer dans leurs racines vos défauts naissants, soit qu'ils ne songent qu'à se réjouir des bonnes qualités qui se manifestent, leurs caresses sont si tendres, leurs remontrances si douces, qu'elles vous prouvent également leur amour. Objet de leur tendresse, vous la possédez sans avoir rien fait encore pour la mériter, et vous passez les plus heureuses années de votre enfance dans une paisible insouciance qui n'est parfois troublée que par ce mot : la pension !

Enfin vient le moment où vous éprouvez le premier chagrin sérieux de votre vie : vous vous éloignez du toit paternel ; vous allez, *pour la première fois*, dire adieu à votre mère ! En vain vous essayez de la retenir, en vain son cœur saigne de vous quitter : l'heure de la séparation est arrivée, et tandis qu'elle fuit pour cacher ses larmes, vous versez les vôtres dans le sein de vos nouvelles compagnes ; car pour nous, mes amies, à peine osons-nous vous aborder encore. Si vos mères ont bien voulu nous juger dignes de les suppléer, il s'en faut qu'à votre entrée ici, vous nous voyiez sous le même aspect ! « Quelles sont, pensez-vous, ces figures inconnues destinées à remplacer près de moi celle qui me souriait depuis mon berceau ? Adieu les gais, les folâtres entretiens que maman écoutait avec patience et auxquels elle répondait avec bonté ; jamais je n'oserai ouvrir ainsi mon cœur à des étrangères... » Et vos sanglots redoublent....

Cependant vos jeunes compagnes vous prennent la main, et, vous appelant de votre nom, vous entraînent malgré vous à leurs récréations. Bientôt vous vous y prêtez avec plus d'abandon. Les mille saillies qui se succèdent provoquent votre rire en dépit de vos pleurs, et déjà vous sentez qu'il est doux d'avoir des amies de son âge. Mais voici que nous venons interrompre ces jeux où la connaissance se fait si vite, pour parler de travail à cette enfant qui n'a jamais travaillé, amener le raisonnement dans cette jeune tête qui ignore ce que c'est que la réflexion et dont l'esprit mobile a erré jusqu'ici au gré du caprice et du hasard.

Avouez-le, mes amies, est-ce là ce qui d'abord a pu vous plaire et vous attirer vers nous ? Il le faut néanmoins : notre devoir est d'essuyer vos premières répugnances, de vaincre vos antipathies, de chercher des routes détournées pour vous amener à un résultat dont dépend votre félicité, comme naguère dépendait votre guérison de cet amer breuvage que votre mère vous présentait avec tant d'instances et de larmes, et que vous, enfant, repoussiez avec obstination. Combien de fois alors n'appelez-vous pas, gêne, force, contrainte, ce qui n'est que l'effet d'une prudente fermeté. Que de combats contre vos goûts, contre vos inclinations ! Que de luttes contre nous-mêmes, quand nous voyons s'assombrir cette physionomie enfantine sur laquelle les ris innocents et la franche gaieté siègent avec tant de grâces ! Que d'efforts pour stimuler une nature indolente qu'épouvante le moindre obstacle, ou pour assujettir aux principes d'un travail constant et régulier un caractère étourdi et léger ! Avec quel ménagement et quel à-propos ne faut-il pas employer tour à tour la douceur et la sévérité, les encouragements et les réprimandes, se défendre contre sa propre faiblesse, ne jamais se laisser abattre par la non réussite, mais espérer, espérer toujours, car l'avenir est à nous, et ne point se lasser de présenter la même leçon sous mille formes différentes afin de l'insinuer dans votre esprit, malgré vous-mêmes. C'est ainsi qu'à force de persévérance nous parvenons à vous inculquer les éléments de ce que vous aurez à apprendre.

Témoin de la joie de vos parents à l'annonce de vos premiers progrès, vous entrevoyez dès lors tout le bonheur qu'il y aurait à travailler pour eux, et vous reconnaissez cette vérité que nous vous avions annoncée, qu'un travail ingrat serait pour vous la source de jouissances nouvelles. Certaine, maintenant, que nous ne vous avions pas trompée, vous ouvrez votre âme à la confiance envers nous, puis vous commencez à désirer de vous appliquer pour nous faire plaisir aussi....

Oh ! alors, mes enfants, nous recevons le véritable prix de nos peines. Dès lors, la tâche devient journellement moins difficile de vous guider, de vous instruire, de vous aider à détruire vos mauvaises habitudes, ces herbes parasites dont une nature trop féconde encombre le plus riche terroir. A mesure que vous avancez, vous goûtez, vous comprenez mieux les consolations qui naissent de l'accomplissement du devoir. Les années s'écoulent et votre jugement se perfectionne; vous entrez dans l'âge où chaque impression laisse une trace, où chaque parole trouve un écho dans votre âme. Encore enfant par les goûts et par l'innocence, vous tenez déjà de la femme par la vivacité de l'imagination et la délicatesse du cœur.

A cette époque, si les efforts sont moins rudes, la vigilance doit être plus active, car le pli que vous allez prendre est celui que vous conserverez. Remplaçant les réprimandes par les simples exhortations, nous appelons à notre aide la religion et le sentiment pour corriger vos fautes, fruit de l'inexpérience. Chaque jour nous voyons se développer les qualités dont la nature vous a douées; votre esprit, se ressentant des progrès du cœur, trouve dans l'étude un aliment plus substantiel; les épines qui embarrassaient la route sont écartées, et maintenant vous y cueillez des fleurs.

Vous voici enfin, telle que vos parents vous avaient souhaitée; alors votre mère, heureuse et triomphante, rentre en possession de son trésor, et nous.... nous quittons l'enfant à laquelle nos soins nous avaient attachées, qu'un instant d'illusion nous faisait aussi appeler notre fille!.... Telle est notre destinée!.... Quand notre tâche est terminée près de l'une, nous la recommençons près des autres, nous promettant d'être en garde contre notre cœur.

Mais peut-on vivre au milieu des enfants sans les aimer? Oui, mes enfants, nous vous aimons, nous vous aimons toutes, quelles que soient vos dispositions et votre intelligence. Si les unes flattent plus notre amour-propre par leurs progrès, les autres n'ont-elles pas un plus grand besoin de notre sollicitude? Une mère aime-t-elle moins ses enfants parce que tous n'ont pas reçu une part égale dans la distribution providentielle des qualités intellectuelles et physiques? Cependant, mes amies, si nous nous efforçons d'être pour vous une seconde famille, ne nous est-il pas permis de souhaiter en vous des élèves dociles, comprenant leurs devoirs, ne se contentant pas de la théorie de la vertu, mais la mettant en pratique, nous aidant par leur application, répondant à notre patience par la constance. Nous ne nous fatiguons point de vous répéter sans cesse les mêmes préceptes, ne vous fatiguez donc pas de les entendre. Nous devons faire régner parmi vous l'esprit d'ordre et de paix : vous, mes amies, songez à conserver intact le précieux dépôt que vous ont légué vos anciennes compagnes devenues aujourd'hui des filles dévouées, des femmes estimables.

Si quelque chose contribue puissamment à faciliter nos travaux, c'est l'union qui règne entre vous, c'est la solitaire influence que les plus âgées exercent sur les autres ; c'est la confiance que, d'un consentement unanime, vous nous accordez. Voilà ce dont nous nous applaudissons dans le secret de notre cœur, ce qu'ont maintenu depuis bien des années déjà une succession de jeunes filles bonnes, soumises, et qu'il est de votre devoir, de votre honneur, de transmettre à celles qui vous suivront.

Ah ! ce devoir, vous le compreniez, mes amies, le jour où vous voyant de nouveau réunies, et comptant les places vides qu'avaient laissées parmi vous des élèves restées au sein de leurs familles, vous fûtes étonnées et presque effrayées de vous retrouver les aînées de la pension. Tu les comprenais, chère enfant, dont la plume naïve et pure traçait ces lignes à une ancienne amie : « Tu n'es plus là pour m'aider de tes conseils et de tes « exemples, et je tremble quand je songe que c'est à « moi maintenant que nos plus jeunes compagnes en « viendront demander. » O mes enfants, nous envisageons l'avenir sous un aspect bien favorable, lorsque vous ressentez de pareilles craintes, car elles sont pour nous l'indice d'un succès assuré.

Et vous, chères petites, qui, si faibles encore, agissez plus par incitation que par conviction, marchez sur les traces de celles qui veulent vous porter au bien, qui déjà font les jeunes mères de famille en s'entourant de vous pour vous donner de douces leçons de morale et de sagesse. Vous comprenez bien souvent leurs paroles mieux que les nôtres. Loin d'en être jalouses, nous nous réjouissons au contraire, lorsqu'elles sont parvenues à obtenir de vous un repentir ou un aveu contre lequel nos tentatives avaient échoué. En vous voyant toutes pénétrées de ces sentiments d'union et d'amour du bien, nous sentons qu'il n'y a aucun défaut, mes amies, que nous ne puissions espérer de vaincre, et, s'il est quelquefois des années plus orageuses où la légèreté de l'âge vous entraîne à des fautes plus nombreuses, comptant sur votre cœur, confiantes dans les sentiments de piété que fortifient en vous les instructions de zélés pasteurs, nous les traversons sans crainte, sûres de la victoire. La vraie et solide piété, c'est là, mes amies, le remède efficace contre les reproches de la conscience; elle vous pénètre de sentiments plus vifs envers les auteurs de vos jours; par elle vous apprenez à aimer les obligations de votre état, à vous plaire dans la retraite et la dépendance.

Le premier devoir d'un écolier, c'est la docilité; sans elle, avec son inexpérience, il marcherait en aveugle, et il faut qu'il sache que tout homme est obligé de céder aux exigences de sa position. Mais vous, mes amies, plus que vos frères, vous devez aimer la soumission; plus qu'eux la retraite, plus qu'eux encore la piété; car vous serez femmes un jour, et, comme l'oiseau qui replie un instant ses ailes pour reprendre des forces avant de continuer son lointain voyage, vous aurez souvent besoin de vous replier en vous-mêmes pour avancer d'un pas plus ferme dans une voie d'obscurité et de dévouement, où Dieu et votre conscience seront seuls témoins de vos mérites.

Mais si les vertus ignorées ne vous attirent point de gloire, elles vous concilieront l'amour de vos proches et l'estime de vous-mêmes. Vous recueillerez le prix des efforts que vous aurez faits dès votre jeunesse, récompense bien chère qui ne sera pas le partage d'un petit nombre seulement, mais à laquelle vous aurez toutes les mêmes droits et qu'aucun hasard ne pourra vous ravir. Apportez donc à la mériter la même ardeur que vous aurez mise à mériter ces simples couronnes de feuillages, et, quelle que soit l'inégalité que l'inconstante fortune apporte un jour dans vos positions respectives, puissiez-vous toutes dire alors comme aujourd'hui : ce ne sont pas les distinctions extérieures qui satisfont le cœur, c'est l'intime et secrète conviction d'avoir tout fait pour le bonheur de ceux que nous aimons.

4 SEPTEMBRE 1844

IX

NÉCESSITÉ DES PRINCIPES RELIGIEUX CHEZ LES FEMMES

MES CHÈRES AMIES,

S'IL est un moment où nous éprouvions plus qu'à l'ordinaire combien sont vifs les sentiments que vous nous inspirez, c'est bien celui-ci où nous lisons dans vos yeux la confiance dont vos cœurs sont pénétrés, et où vous voyant là rassemblées, nous pouvons encore vous appeler toutes nos enfants; ce moment enfin, qui pour les unes va resserrer plus étroitement les liens qui nous unissent, et pour quelques autres les brisera sans retour...

Ah! c'est à cette pensée surtout que nous nous prenons à souhaiter que cette heure ne passe point! Elle passera pourtant, aussi vite que ses sœurs; mais elle marquera du moins une année de plus dans votre vie intellectuelle, et vous laissera à toutes un utile souvenir. Profitons des instants qu'elle amène. Tandis que le sillon est ouvert encore, jetons-y nos dernières semences.

Pauvres enfants! Savez-vous quel est le fruit que nous espérons recueillir? Comprenez-vous bien que si nous venons ainsi, jusqu'à l'heure de la séparation, vous parler raison et morale, c'est que nous ne voudrions pas laisser échapper un seul instant de ceux qui nous semblent efficaces pour travailler à votre bonheur... Votre bonheur! c'est là le but de notre ambition, de nos constants efforts. Vous indiquer la route qui doit vous y conduire, la préparer, aplanir s'il se peut tous les obstacles que vous y rencontrerez: telle est la tâche que nous avons acceptée, quand, en vous recevant dans nos bras, nous avons dit : Soyons leurs mères. Ce mot seul, mes amies, vous fera sentir quelle est la gravité des devoirs que nous avons à remplir; ils embrassent votre vie tout entière, ils s'étendent même au-delà. Oh! oui; car nous n'avons pu penser à vous procurer la félicité, vraie compagne inséparable d'une bonne conscience, sans vous apprendre à respecter, à chérir cette religion sainte qui est la base de toutes les vertus. Sans elle, la plus brillante éducation ressemblerait à un édifice qui, n'étant appuyé sur aucun fondement, attire un instant l'admiration des hommes et s'écroule au moindre souffle des vents.

Mes bonnes amies, ce point si important a été ailleurs et souvent pour vous l'objet de belles et touchantes instructions que ma faible voix ne saurait répéter; mais si la religion possède de savants enseignements, elle renferme aussi des vérités simples et faciles que le cœur suffit à comprendre et à exprimer. Nous voulons donc seulement vous rappeler aujourd'hui qu'en elle vous trouverez toujours appui et consolation dans les luttes ou les épreuves que notre sollicitude prévoit et redoute, mais que nulle puissance humaine ne saurait détourner. Elle sera pour vous un bouclier contre lequel viendront se briser les séductions du monde. Nourrissez donc votre esprit des principes sacrés qui apprennent aux hommes qu'ils sont frères, qu'ils doivent s'aimer et se prêter un mutuel secours. Que surtout la charité et la douceur, avec la patience et l'indulgence qui en découlent, soient votre partage. Ces vertus vous seront nécessaires non seulement parce que vous devrez les pratiquer, mais parce que vous serez chargées de les enseigner à d'autres. Vous aussi, vous serez un jour les apôtres de la religion, vous le serez par vos paroles et par vos exemples. Par ces mots, nous n'entendons pas que jamais vous deviez vous mêler à aucune discussion en matière de controverse. Oh! non; sur ce sujet, plus encore que sur tout autre, évitons toute prétention à la science; gardons notre foi pure et simple dans la candeur de notre cœur; qu'un zèle présomptueux ne nous emporte pas au-delà de nos forces et ne nous fasse pas approcher de l'arche sainte une main trop téméraire! Non, ce n'était point un docteur que la femme forte du livre sacré; elle ne nous est pas représentée élevant orgueilleusement la voix en présence des étrangers, mais la faisant entendre comme une douce harmonie dans le secret de sa maison. C'est, il est vrai, une femme au-dessus de la fragilité de son sexe, mais c'est avant tout une épouse et une mère gouvernant son intérieur et vouant sa vie au bien-être de tous les siens. Malgré les siècles écoulés, depuis que son portrait nous a été tracé, elle est encore, à part quelques exceptions de temps et de lieux, le modèle que nous devons suivre.

Pensons toujours au but pour lequel nous sommes placées ici-bas : si la femme doit être sur la terre l'interprète du divin Maître, c'est au chevet du malade à qui elle prodiguera des paroles de paix et de consolation, qu'elle encouragera dans ses souffrances par le souvenir de celle d'un Dieu tout amour ; c'est dans le monde, au milieu d'un cercle, en défendant celle que l'on calomnie ; c'est le soir, après les fatigues et les labeurs du jour, en répandant autour d'elle les charmes d'une âme délicate et sensible, en faisant admirer à ses enfants les splendeurs de la création et les invitant à bénir Celui qui nous a tout donné. Il n'est besoin ni de science ni d'éloquence pour parler le langage du cœur ; n'a-t-il pas toujours des encouragements pour affermir l'espérance, et des larmes à mêler à celles du malheureux ? Ah ! ne cherchons point ailleurs nos inspirations. Le Dieu qui nous a créées pour soulager les misères et adoucir la douleur, pour guider et pour protéger l'enfance, ne nous faillira pas. Quel spectacle plus touchant que celui d'une mère faisant bégayer à son fils la première prière, éclairant sa jeune âme du flambeau de la vérité, ouvrant son cœur à la reconnaissance, lui apprenant à quelle source est puisé tout le bien qui l'entoure. L'enfant l'écoute et la croit ; il ne comprendrait point un langage étranger, mais il devine sa mère. A mesure qu'il grandit, la clarté brille plus vive à ses yeux, les leçons prennent un caractère plus sérieux. Hélas ! ces leçons, ne les oubliera-t-il point ? Un jour, peut-être, elles seront effacées par le contact du monde et par les orages des passions. Mais quand ils lui auront enlevé toutes ses illusions ; quand trahi, abandonné de ceux qu'il croyait ses amis, il pensera au seul être dont l'affection pour lui ait été profonde et dévouée, alors le souvenir de sa mère le ramenant à celui de ses sages instructions, le sauvera du découragement et du désespoir en lui rappelant à quel but il devra désormais rattacher toutes ses pensées d'avenir.

Puisque donc telle est l'influence dévolue à la femme, puisque par elle les principes religieux se soutiennent et résistent au torrent des idées et à l'effervescence de la jeunesse, se propageant malgré le ravage des temps et les horreurs des révolutions, de quelle importance est-il donc de les affermir chez les jeunes personnes! Le ciel les a gravés en elles; il ne s'agit que de les développer.

Il est certain que tout être pensant est conduit par sa raison à reconnaître la nécessité de la religion, mais la femme n'y est point amenée par les seules lumières de son intelligence, elle n'a qu'à suivre la pente naturelle de son cœur. Il y a dans tout son être comme une révélation intime de l'existence de Dieu; tout en elle lui parle de son créateur; sa sensibilité trouve un aliment incessant dans les élans de gratitude qu'elle éprouve pour les bienfaits dont il l'a comblée; son ardente imagination aime à s'égarer dans les champs de l'infini pour y rêver d'une existence éternelle et d'une félicité sans bornes. Sa faiblesse la porte à chercher un appui dans l'auteur de toute force et de toute puissance. Quand elle se sent épuisée, elle prie, et l'espérance la ranime.

Oh! il serait plus qu'insensé, il serait cruel de vouloir arracher de son cœur une conviction qui est l'âme de sa vie. Qui donc l'empêche de succomber dans ces occasions de chute dont le secret et l'impunité lui semblent assurés? Qui lui promet des récompenses pour tant d'obscurs sacrifices? Qui lui donne du courage quand son âme est froissée de voir la plus sainte affection méconnue? Quand sa fierté blessée la force à sourire au monde, et que, seule à l'écart, elle pleure, elle gémit, qui lui dit alors de pardonner et d'attendre? Enfin, si plus malheureuse encore, elle a, fragile et faible, mérité le blâme de la société en cédant aux tentations dont elle est entourée, qui lui enseigne le repentir, comme une expiation et un chemin vers le pardon? — C'est le Dieu qui compte ses larmes, qui voit la sincérité de sa douleur et se substitue dans son cœur à tout ce qui l'a trompé.

Comme mère, la femme semble avoir emprunté à Dieu même quelque chose de son essence. N'est-ce pas au foyer divin que s'est allumé ce cœur tant rempli de dévouement et d'abnégation, qui donne toujours sans jamais s'épuiser, qui ne se divise point, mais qui, au contraire, touchante image du plus grand des mystères, se multiplie sans s'altérer pour prodiguer à chacun de ses enfants d'incommensurables trésors de sollicitude et d'amour! Où donc aurait-elle puisé ailleurs, elle auparavant si frêle et si délicate, cette force surnaturelle qui lui fait supporter des fatigues sans cesse renaissantes? Et quand ce Dieu lui demande le plus douloureux sacrifice, comment comprendre qu'elle puisse résister au déchirement de toutes ses facultés, si ce n'est par la persuasion où elle est que son enfant l'attend dans l'éternel séjour? C'est cette pensée, c'est ce sentiment de l'immortalité qui parle au cœur de la jeune mère indienne, quand elle vient déposer l'innocent endormi dans les touffes de fleurs : elle se dit, d'après sa naïve croyance, qu'il revivra parmi ses jeunes frères pour se nourrir avec eux de parfums et d'harmonie sans fin.

Mais vous, mes amies, c'est comme filles que vous devez vous élever à Dieu par la reconnaissance. Il ne s'est encore révélé à vous que par des bienfaits. Jusqu'ici tout vous a souri, une tendre prévoyance a prévenu tous vos besoins ; vous ignorez ce que c'est que la peine (hélas, tant de pauvres orphelins la connaissent déjà !). Remerciez ce Dieu dont l'ineffable bonté rend si pure et si heureuse votre entrée dans la vie. Pour mieux se faire comprendre à vos cœurs, sa Providence a pris près de vous une forme visible : c'est sous les traits d'un père et d'une mère chéris, qu'il vous est donné de l'aimer, de le respecter, de lui obéir. Oui, mes amies, c'est sa voix que vous écoutez, ce sont ses impénétrables décrets que vous adorez, quand vous goûtez leurs douces exhortations, quand vous suivez leurs conseils; quand trop jeunes, trop inexpérimentées pour comprendre le motif d'un refus ou le but de ce qu'on demande de vous, vous vous soumettez de bonne grâce, certaines que vos parents ne veulent rien qui ne tende à vous rendre meilleures. O chers enfants, conservez toujours ces sentiments : ils seront votre sauvegarde. Filles tendres, soumises, dévouées, accomplissez le plus doux des commandements; portez hors de l'asile où s'est écoulée votre enfance, avec le sentiment de la piété filiale, le germe de toutes les vertus, et vous donnerez ainsi à vos parents tout le bonheur qu'ils ont rêvé sur la terre, et à la société les plus fermes garanties d'ordre et de paix. Vous nous donnerez à nous, mes amies, la plus belle récompense que nous puissions espérer du fruit de nos soins.

1er Septembre 1845

X

L'Exemple

Mes amies,

Bien des jours semblables à celui-ci se sont déjà succédés pour nous, et vous vous étonneriez peut-être si nous vous disions que ni le temps, ni le retour des mêmes circonstances n'ont pu émousser encore les sensations qui, chaque année, nous assiègent à cette heure décisive.

Que ne pouvez-vous lire dans nos cœurs! Témoins des combats qui s'y livrent, vous y puiseriez sans doute un enseignement plus salutaire que dans nos paroles. Vous aimant toutes également, nous sommes partagées entre le bonheur de récompenser les unes et la douleur d'affliger les autres. La présence de vos mères vient encore ajouter à nos perplexités; car un témoignage intérieur ne leur dit pas comme à nous d'espérer ou de craindre; toutes sont venues pour participer aux joies de cette journée, et plusieurs s'en retourneront amèrement déçues. Ah ! dites, n'avons-nous pas dû nous armer de force pour soutenir cette lutte du cœur et de la conscience? Et faut-il moins que le sentiment d'un devoir accompli selon les lois les plus rigoureuses de l'équité pour nous consoler du regret de ne pouvoir vous ouvrir les bras à toutes en vous disant : « Venez toutes recevoir le prix du travail et de la persévérance. » Mais y consentiriez-vous vous-mêmes? Chacune de vous connaît à peu près le sort qui l'attend : laquelle voudrait d'une couronne qu'elle ne sentirait pas méritée? Que penseriez-vous des principes de justice que nous avons cherché à vous inculquer, si, par faiblesse ou par une sensibilité déplacée, nous venions aujourd'hui les démentir ouvertement à vos yeux? Qu'est-ce, diriez-vous, qu'une morale avouée par les livres et contredite par l'exemple? Vous auriez raison, mes amies, de ne pas ajouter foi à nos paroles, si nous avions le malheur d'en négliger l'application dans notre conduite. Oui, nous qui vivons avec vous, sans cesse nous devons nous rappeler que l'exemple est la plus efficace des leçons. En vous prêchant le travail, nous devons commencer par être diligentes; en vous répétant que la dissipation nuit aux progrès de l'esprit et de la raison, nous devons nous-mêmes oublier les plaisirs du monde; plus nous vous voulons pacifiques et douces, plus nous devons être patientes et modérées.

Quand on y réfléchit profondément, on se sent effrayé de l'immensité des devoirs que l'on s'impose en se chargeant de diriger la jeunesse. Quel retour sur soi-même lorsqu'on songe que pour remplir noblement cette tâche, il faudrait posséder toutes les vertus qu'on souhaite de vous voir un jour. Hélas ! mes enfants, si nous sommes loin d'une telle perfection, tenez-nous compte au moins de nos efforts, et que l'amour qui nous anime supplée, s'il est possible, aux qualités qui nous manquent !...

Nous ne négligerons rien pour vous inspirer l'horreur du mal et vous faire apprécier les charmes du bien. Dans vos études, nous fixerons votre attention sur tout ce qui pourra graver ces sentiments dans votre âme. Puisque l'exemple a tant de force, puisqu'il agit sur nous, même à notre insu, faisons en sorte que celui du bien nous pénètre de toutes parts. Remplissons notre cœur de sages et chrétiennes maximes; admirons ces femmes sublimes dont l'histoire inscrit les noms dans ses plus belles pages; pensons à l'influence qu'elles ont eue sur leur siècle, à celle que leur souvenir peut exercer encore sur nous : qu'une Blanche vous rappelle toute la puissance de l'amour d'une mère, qu'une Marguerite vous attendrisse par son dévouement. Voyez l'empire d'une conscience pure animée d'une foi vive : une jeune fille, une simple paysanne, se présente, et des héros marchent à sa suite, et des prodiges s'opèrent à sa voix. Une autre Jeanne, saisie d'une héroïque inspiration, appelle ses compagnes contre un vainqueur irrité; aussitôt, oubliant leur faiblesse et leur timidité naturelle, elles viennent toutes sur un rempart braver les feux de l'ennemi et le forcer à une retraite honteuse. Telle est la puissance de l'exemple, de ce tyran qui régit la société tout entière : depuis vous, modestes écolières, jusqu'au roi, chef d'une immense famille, nous sommes tous soumis à son influence.

L'enthousiasme, la faiblesse, l'irréflexion, un penchant naturel à l'imitation, et par dessus tout la vanité, voilà les grands mobiles qui poussent les masses sur les pas de ceux que des qualités plus éminentes, une position sociale plus élevée, un caractère plus énergique appellent à la domination. Heureuses alors les âmes timides, quand l'impulsion qu'elles reçoivent les dirige vers le bien.

Vous souvient-il, mes amies, de vous être quelquefois arrêtées, dans vos joyeuses promenades, sur le bord de l'étang rustique, pour regarder ces vagues légères, qui, se joignant sans cesse, portaient de proche en proche, sur la rive opposée, le frémissement de leurs flots? Eh bien! chères enfants, c'est ainsi que, par un frottement continuel, les différentes classes de la société se transmettent insensiblement l'exemple parti d'en haut. Alors, si, de notre humble sphère, nous contemplons une femme que l'on peut appeler sainte entre toutes les femmes; si nous la voyons du haut rang où le ciel l'a placée, descendre vers l'infortuné; en épouse dévouée, se consoler des soucis de la grandeur par les plus tendres affections; en chrétienne fidèle, supporter avec une angélique résignation les plus douloureuses épreuves que Dieu ait réservées à la femme; si nous la voyons enfin, plus fière de son titre de mère que de son titre de reine, cherchant sa seule gloire dans les vertus de ses enfants et son seul bonheur dans les soins qu'elle leur prodigue, qui de nous ne s'honorera de marcher sur de si nobles traces! Oserons-nous dédaigner les occupations paisibles qui sont l'apanage de notre sexe en même temps que le lien et la force des familles?

Mais, hélas! si l'exemple des vertus domestiques peut se trouver jusque sur le trône, il n'est que trop vrai aussi que le fatal exemple du vice se trouve dans tous les rangs; voilà pourquoi sans cesse on vous répète de vous défier de vous-mêmes, de consulter toujours ceux qui vous dirigent, avant de vous engager dans aucune liaison intime. Si vous saviez comme les apparences sont trompeuses ! Si vous saviez combien le mauvais exemple a sapé de vertus, malgré le rempart d'airain dont elles se croyaient entourées.

Une jeune personne, trop tôt privée de sa mère, a été élevée dans la retraite: pénétrée de la plus saine morale, fortifiée des préceptes de la religion, prévenue contre les séductions qui l'attendent, elle met le pied sur le seuil du monde..... Aussitôt deux guides se présentent pour l'initier à cette vie nouvelle : l'un, grave, d'une figure austère quoique tempérée par une douce sérénité, attend avec un regard bienveillant qu'elle le choisisse pour la conduire sans détours par des routes épineuses, sous de frais ombrages où elle goûtera en paix toutes les délices d'une bonne conscience. Elle veut le suivre, mais il a l'air si sérieux !... Ah ! qu'elle se hâte, car voici son rival qui s'avance : joyeux ami, gai compagnon de voyage, le mauvais exemple vient en souriant lui prendre la main. Malheur à elle si elle la laisse seulement effleurer !..... Sur le champ il l'entraîne dans un labyrinthe sans issue; des fleurs toujours nouvelles embellissent les sentiers qu'elle parcourt, tandis que les sinuosités du chemin lui dérobent la vue de celles qui se fanent sous ses pas; mille reflets chatoyants fascinent ses regards; des voix aussi douces que le miel lui glissent à l'oreille que la jeunesse est la saison des plaisirs, et qu'il faut jouir pour être heureux. A ces principes nouveaux pour elle, elle veut opposer ceux qui ont nourri son enfance... On lui ferme la bouche en chantant; elle veut fuir... Des chaînes de fleurs, plus difficiles à briser que le fer, la retiennent. Cependant, à mesure qu'elle avance, elle s'aperçoit avec inquiétude que la figure de son guide s'assombrit. Bientôt la fatigue se fait sentir... Elle demande à s'arrêter... Il la force à marcher toujours; ce n'est plus un ami, c'est un tyran qui la menace chaque fois qu'elle veut regarder en arrière. Éperdue, brisée, déjà blessée dans tout son être, elle continue sa course en tournoyant, fermant les yeux et ne sachant plus où on l'entraîne !...

Ah ! que n'avait-elle auprès d'elle une mère pour la soutenir et pour la protéger ; une mère qui nous trace à l'avance notre conduite, dont la tendresse nous rend le devoir si facile ! Elle ne se fût point confiée à des mains inconnues, elle serait heureuse, elle serait aimée comme tous ceux qui se sont éloignés du mal.

Remerciez le ciel, mes chères amies, de ce qu'il vous a conservé ce guide si sûr, cette amie si tendre ; ne cherchez pas d'autre modèle ; il est là près de vous celui que vous devez suivre. Ne demandez point d'autre confidente. A votre mère toutes vos pensées ; à elle toute votre intimité. Vous pouvez, sous son égide, échanger d'affectueuses relations avec les jeunes filles de votre âge ; mais ne suivez de conseils que les siens ; vous le devez pour vous et pour elle. Votre amour, votre confiance, c'est son bien à elle qui vous a tout donné, tout sacrifié ; vous ne voudriez pas lui ravir une parcelle de son trésor. Si les circonstances l'ont condamnée à une séparation dont rien ne peut la dédommager que la pensée de votre amélioration, efforcez-vous de marcher au but qu'elle se proposa en vous plaçant au milieu d'enfants comme vous, pour vous faire jouir de cette vie multiple, où le travail partagé et exécuté en commun, devient plus attrayant, où les jeux sont animés d'une gaieté si communicative, où le caractère se forme mieux, où surtout votre discernement doit déjà s'exercer, obligées que vous êtes de distinguer dans cette foule de jeunes têtes, toutes bonnes, sans doute, mais vives, étourdies, légères, ce qu'il est à propos d'imiter et ce dont il faut s'abstenir. En les aimant toutes, sachez écouter non le sentiment irréfléchi qui vous porte vers la plus amusante, mais la raison qui vous dit de ressembler à la plus studieuse, à la plus docile. Pensez aussi que vos compagnes attendent de vous de sages exemples, et que c'est là le prélude d'une responsabilité plus grave qui pèsera un jour sur vous.

Vous êtes jeunes, mes enfants, mais le temps marche vite. Bien peu d'années séparent l'insouciouse adolescente, dont une fleur qui s'ouvre ou la mort d'un oiseau chéri sont les seules préoccupations, de la jeune femme appliquée à de sérieux devoirs. C'est dans le petit monde où vous vivez actuellement que vous pouvez commencer à apprendre la science si importante de la vie.

Aujourd'hui, vous vous trouvez dans les meilleures conditions pour recevoir de salutaires impressions; vous ne voyez autour de vous que des personnes qui vous aiment. Le vice, à votre aspect, se cache et se tait, retenu par une crainte involontaire, obéissant malgré lui à cette voix qui ordonne de respecter l'enfance. Ceux mêmes qui ont tout bravé se souviennent des menaces du divin Législateur, et la bénédiction qu'il versa sur la tête des enfants d'Israël se répand d'âge en âge sur toutes les générations naissantes; il a pour vous un regard particulier de tendresse et de protection. Sous la sauve-garde de cet amour, avancez sans crainte dans la route que nous vous indiquons, et, vous enrichissant chaque jour pour l'avenir, répandez dès à présent, sur les plus jeunes de vos sœurs, les mêmes bienfaits que vous avez reçus de vos devancières. Puisse l'esprit d'union, de docilité, de confiance, se perpétuer parmi vous comme un pieux héritage !

Combien de fois vous l'avons-nous dit : tous nos efforts seraient infructueux si, dans cette nombreuse famille qui nous environne, nous ne trouvions de puissants auxiliaires. Vous donc qui, depuis plus longtemps, recevez nos soins, soyez nos interprètes auprès de ces enfants dont la raison n'est encore éclairée que de rayons tremblottants. Sans se rendre compte de l'ascendant que vous donne un jugement plus développé, elles se règlent sur votre conduite par ce seul motif que vous êtes les plus *grandes*. Observez-les : elles aiment ce que vous aimez ; elles choisissent les jeux que vous préférez ; quittez-vous volontairement la récréation pour le travail, elles ne tardent pas à se mettre à l'étude. N'est-ce pas là, mes amies, ce que vous avez pu souvent remarquer ? Quelle gloire pour vous si, par votre exemple, vous concouriez au perfectionnement de quelques-unes.

Oh ! qu'on doit se sentir fière lorsqu'en quittant le séjour où l'on passa ses premières années, il est permis de se dire : « Je n'y laisse que de doux souvenirs ; mes compagnes me garderont une tendre affection, et vous, vous en qui j'ai chéri de secondes mères, vous me regretterez comme votre enfant bien-aimée. » Heureuse la jeune fille qui a le droit de se rendre un pareil témoignage ! Son nom sera conservé parmi nous, pour être cité aux élèves qui lui succéderont, et sa place est marquée à l'avance parmi les femmes d'élite : celles qui remplissent le mieux les fonctions de ce touchant sacerdoce auquel Dieu rattacha tout l'avenir de notre société, et dont il voulut qu'un ineffable amour fût l'éternelle garantie, quand il le plaça aux mains des mères de famille.

31 Aout 1846
& 1879

XI

Notre Bonheur est en nous-mêmes

Mes chères amies,

Un nouvel embarras me saisit chaque fois que la même circonstance me ramène la même obligation. Que puis-je vous dire en effet, mes enfants, qui n'ait été déjà l'objet des leçons fréquemment répétées ? Ces leçons, vous les avez comprises, pourquoi vous les redire encore ? Comment vous parler l'austère langage de la raison dans un moment où, profondément émue moi-même, je ne voudrais rien que me laisser aller, en vous contemplant, à de délicieuses impressions. Le tableau que vous nous présentez a pour nous tant d'attraits ! Avec quel charme l'œil se promène sur ces groupes de vos têtes innocentes, tandis que la pensée erre doucement du présent à l'avenir! C'est maintenant que nous, oubliant s'il y a eu parmi vous des élèves moins studieuses, nous ne voyons plus en vous toutes que nos enfants bien-aimées, et vous trouvant si pures, si sincères, si confiantes, nous nous écrions avec toutes les voix de notre cœur : Ah ! puisse le souffle de l'adversité n'effeuiller jamais cette couronne de joies enfantines, d'affections paisibles, d'illusions dorées, qui forme sur ces jeunes fronts une si radieuse auréole ! Que le souci n'y creuse point ses sillons ! Que jamais la fatigue ni les peines ne flétrissent ces joues animées d'un tendre incarnat !

Voilà les seules idées auxquelles nous voudrions nous abandonner. Ramenées par ce qui nous entoure au ministère à la fois doux et pénible que nous sommes chargées d'accomplir, forcées de faire connaître un résultat qui, pour quelques-unes, voilera d'un nuage de tristesse une journée d'ailleurs si heureuse, nous voulons du moins à celles d'entre vous que le succès ne viendra pas favoriser, rappeler que tout n'est pas perdu parce que leur travail n'aura pas reçu une éclatante récompense. Voyez-vous, ce n'est pas toujours la guirlande qu'on porte sur sa tête qui répand le plus doux parfum; souvent une simple fleur, cachée tout près du cœur, suffit pour vous environner d'une atmosphère embaumée. Vous ne recevrez pas le prix aux yeux de tous, mais n'y a-t-il pas dans votre âme quelque joie secrète, quelque témoignage intérieur, pour vous payer de vos labeurs ? Oh ! si vous ressentez cette approbation intime, ne la refoulez pas dédaigneusement en vous-mêmes comme un bien inutile; au contraire, cherchez-y un refuge contre la déception, un recours contre le découragement.

La main de Dieu, mes enfants, a partout placé la consolation à côté de l'épreuve : à chacun il a donné ses peines et ses plaisirs. Aujourd'hui commencent pour vous les dures leçons de l'expérience, demain vous sourirez, et peut-être celle qui maintenant triomphe, goûtera à son tour de ces fruits amers. Ainsi la vie est remplie de vicissitudes, et c'est à la condition de les supporter patiemment que notre Père nous prépare une félicité éternelle dans la céleste patrie. Mais cette félicité parfaite dont il a mis en nous la soif ardente, nous, insensés que nous sommes, nous la voulons ici-bas, et parce que nous ne pouvons nous affranchir de toute inquiétude, nous nous écrions : Le bonheur n'existe pas! Nous calomnions notre position, nous l'accusons de tous nos maux, plutôt que d'en attribuer un grand nombre à nos désirs insatiables.

Nourries de principes plus sages, ô mes enfants, apprenez à vous contenter à la place que le Seigneur vous a marquée. Écoutez-nous, nous qui vous aimons tant : malgré vos peines de ce jour, réconciliez-vous avec votre vie d'élève; elle renferme bien des jouissances, jouissances modestes, qui s'acquièrent à peu de frais, auxquelles votre corps doit sa force et votre âme sa sérénité. Pourquoi faut-il que vous n'en compreniez pas tout le prix, et que souvent même, les méconnaissant, vous aspiriez à celles d'une époque inconnue?

A peine dégagées des ténèbres de l'ignorance primitive, du moment que vous entrevoyez le sens de ce mot : « Être heureux », vous demandez : « Où croît donc l'arbre du bonheur? A quel âge en peut-on recueillir les fruits? » Et quand on vous dit : « Vous le possédez, il est là dans le parterre tout émaillé des fleurs de votre adolescence; ses rameaux fertiles se penchent à portée de votre main;

vous y touchez, ne le voyez-vous pas ?..... » Enfants, aveugles comme nous l'avons été, vous secouez la tête et répondez : « Oh ! le bonheur, il est dans l'avenir ; il est à dix-huit ans, à vingt ans ; quand on n'a plus de devoirs à faire, plus de leçons à apprendre ; quand on est libre, quand on paraît enfin dans les fêtes et les assemblées du monde... ! » Enfants ! enfants ! tous ont parlé comme vous, et plus ils ont avancé dans la vie, plus ils se sont aperçus que l'arbre élevait ses branches devenues moins fécondes. Tous ont trouvé des devoirs plus graves, des leçons plus péniblement apprises.

Quant à ce monde dont vous vous faites une image si séduisante, nul n'a osé dire qu'il y eût retrouvé les plaisirs vrais de son jeune âge. Ceux-là seulement ont rencontré le bonheur, qui ont su le deviner, caché sous ces mêmes devoirs, l'extraire de ces mêmes leçons. Ils ne se sont pas laissé éblouir par les prestiges de la vanité. Au lieu de courir au loin, ils l'ont cherché en eux-mêmes, partout où l'on peut se concilier de saintes affections, partout où l'on sait un peu de bien à faire : il est toujours la récompense d'un sacrifice ou d'un dévouement.

Que votre père vous dise quelle puissante ardeur remplissait son âme et décuplait ses forces, lorsque, négligeant son repas, il employait ses journées et une partie de ses nuits, à augmenter en votre faveur l'héritage de ses ancêtres ! Demandez à votre mère avec quel transport elle accueillit la perspective d'une longue suite de veilles et de fatigues, le jour où, vous pressant pour la première fois sur son sein, elle sentit que Dieu lui avait envoyé une part du bonheur d'en haut !.... Vous apprendrez d'eux, mieux que de tout autre, ce que peuvent donner de satisfactions réelles les sentiments les plus ordinaires de la nature, et quand vous aurez reconnu combien il est facile de puiser à la source intarissable des délices du cœur, vous n'éprouverez plus qu'une profonde indifférence pour ces distractions futiles et passagères, dont il faut pourtant savoir payer sa dette à la société, mais qui ne laissent après elles que du vide.

Possédant des trésors véritables, vous ne jetterez pas, comme tant d'autres, un regard chagrin sur votre modeste aisance, parce que quelques feuilles d'or vous sépareront de ceux qu'on appelle les heureux. Avant de leur accorder ce titre, vous vous demanderez si eux non plus ne forment aucun souhait chimérique ; si rien dans la condition d'un rival n'excite leur envie ; s'ils sont bien en garde surtout contre cette partialité fatale dont le miroir à double face nous présente tantôt ici les inconvénients exagérés de notre position, et tantôt là, revêtus des plus brillantes couleurs, multipliés par mille reflets éclatants, les biens auxquels nous ne pouvons atteindre.

Véritablement heureux est le sage qui ne se sent point fasciné par cette comparaison mensongère ; il ne connaîtra point ce malaise que l'on retrouve à tous les degrés de l'échelle sociale, qui se cache sous le velours comme sous la bure et parfois même va troubler la sécurité de l'enfance. Faut-il, pour en avoir la preuve, vous la demander à vous-mêmes ?

Légères et libres de vos mouvements dans votre simple costume d'écolières, munies seulement de votre gaîté, vous partez pour une de nos promenades champêtres ; vos compagnes vous entourent. Nulle différence entre vous : distinction de rang ou de fortune, tout est encore en équilibre, sous le niveau de vos quinze ans. Près de vous passe, élégamment parée, une jeune fille de votre âge que vous savez élevée chez ses parents et déjà l'objet des égards de la société. En la voyant, vous soupirez tout bas et vous pensez : « Que ne suis-je à sa place ! » Vous ne vous doutez pas que de son côté peut-être, fatiguée d'un sérieux trop précoce, elle a envié votre existence de pensionnaire, le travail en commun, et les causeries joyeuses, et les jeux, et les rondes, et les rires interminables. Pourtant, à vos yeux, rien ne semblait lui manquer. « Ah ! disiez-vous, tout lui sourit, je suis sûre qu'elle n'a jamais pleuré, car elle ignore, elle, les angoisses de la séparation, tandis que nous.... »

Oui, pauvres petites exilées, oui, nous vous comprenons, il est pour vous un vide immense que toute notre sollicitude ne saurait combler. Quels que soient nos efforts, jamais nous n'aurons la présomption de remplacer pour vous cette ineffable tendresse à l'ombre de laquelle se sont abritées vos premières années. Qui pourrait vous rendre les soins de votre mère et ce doux nid qu'elle savait si bien vous faire entre ses bras et sur ses genoux ? Puisqu'elle n'est pas là, cette mère chérie, que du moins son souvenir préside à toutes vos actions ; qu'il plane comme le génie du bien, sur vos travaux, sur vos études, et même sur vos jeux. Voyez-la toujours, souriante quand vous nous satisfaites, triste et sérieuse quand vous nous affligez. Songez que, de loin comme de près, sa pensée vous suit en tous lieux ; c'est là son seul dédommagement pour le sacrifice qu'elle s'est imposé.

Pensez-vous que si elle n'eût entrevu de grands avantages, l'amélioration de votre caractère, votre apprentissage de l'humeur des autres, un travail plus facile, de l'émulation, des amies de votre âge, pensez-vous qu'elle eût consenti jamais à éloigner son enfant! Animez-vous donc d'un noble zèle pour lui montrer de précieux résultats. Qu'elle apprenne que vous vous faites aimer de vos compagnes, que vous êtes bonne, serviable, conciliante, ce sera pour elle la première garantie que vous êtes heureuse. Puis, cherchez dans l'étude un préservatif contre l'ennui. Quand le besoin de revoir la maison paternelle se fera sentir plus violent, combattez-le par des occupations suivies; rendez-vous digne d'y rentrer avec honneur. En agissant de la sorte, votre intelligence se développera ; votre esprit s'ornera de connaissances dont le souvenir y restera gravé ; et si, après tant d'efforts, vous ne parvenez pas à l'emporter sur vos émules, soyez certaine que votre mère, loin de vous faire des reproches, sera la première à essuyer vos larmes. Ne la retrouvez-vous pas toujours associée à vos peines comme à vos plaisirs? Dussiez-vous n'avoir d'autre récompense, mes amies, elle serait belle encore. Que de fois avez-vous éprouvé le pouvoir de ce simple mot : « Maman sera contente ! » Que d'obstacles déjà il vous a fait vaincre; et nous, avec quel bonheur nous avons dirigé vos efforts vers un but si louable! Ce que vous n'auriez pas fait pour vous, vous l'avez fait pour elle, et vous en avez retiré des avantages instantanés. Quelle gaîté, quel contentement au sortir d'un travail si ardemment soutenu! Comme il vous a semblé qu'une double sève de force et de santé circulait dans vos veines! Que de charme, que d'affection dans vos rapports avec vos compagnes! Combien alors le jeu vous a paru meilleur ! Que les heures étaient rapides ces jours-là, et comme le soir vous avez prié de bon cœur!....

Et c'est vous, enfants, qui demandez où est le bonheur?

vous que nous avons vues si sereines, vous qu'un rien amuse, qu'un papillon réjouit, qu'un carré de terre semé de fleurs nouvelles fait si riches d'espérance et de sollicitude! (*) Ah! que les conquérants se disputent l'empire du monde; pour vous, quand votre tâche d'un jour est bien remplie; quand le bouton de fleur que vous guettez depuis la veille vous promet de s'ouvrir le lendemain, vous vous couchez tranquilles, et des songes riants comme votre âge embellissent votre sommeil. Dormez, dormez, mes enfants, pendant que les anges, gardiens de l'innocence, entourent votre chevet; puisse l'un d'eux vous apparaître sous une forme aimée, et du bout de son aile caressante, effleurer vos lèvres, et y cueillir, pour le porter à votre mère, le baiser qu'en rêvant vous croyez lui donner!....

Tout est devenu calme dans ce lieu où l'on n'entend plus que votre souffle régulier; nous aussi maintenant

(*) A la pension, sur deux des côtés de la cour carrée, s'étendait une longue plate-bande de terre cultivable, divisée en nombreux jardinets, pour l'amusement des élèves. Chaque pensionnaire avait le sien, mais de plus grands espaces étaient parfois concédés à une association de deux ou trois jardinières.

Des planches bordaient les jardins sur le devant et les séparaient indiscutablement sur les côtés; en leur milieu s'étalait presque toujours une belle terrine jaune, figurant un bassin comme aux Tuileries et au fond de laquelle miroitaient la nacre des coquillages et les écailles plus ternes du fretin de la rivière d'Étampes.

Point de plantes rares. Quelquefois on faisait prendre racine à des fleurs communes achetées un ou deux sous le pied. Le plus souvent on préférait semer des graines, afin de jouir du bonheur de les voir germer, grandir, puis fleurir.

Un gazon fin, souvent coupé avec des ciseaux, verdissait la bordure extérieure; d'ineffables volubilis bleus et de piquantes capucines jaunes ou rouges garnissaient la muraille du fond. Symétriquement éparpillées, fleurissaient selon les saisons, la violette, le réséda, la mère-gigogne, la reine-marguerite, le myosotis, les pensées, les gueule-de-loup, les chrysanthèmes, toutes fleurs de la sentimentalité la plus pure, et surtout ne tenant pas beaucoup de place.

L'angélique y était rare, mais la menthe développait parfois son parfum poivré, et l'ardente giroflée était commune. Commun encore le thlaspi, dont on ignorait d'ailleurs l'usage dans les électuaires.

nous pouvons nous livrer au repos. Cependant nous nous attardons, car un besoin de parler de vous nous retient; nous nous entretenons de vous encore à cette heure où rien ne nous occupe plus, et si votre conscience s'est endormie tranquille, nous sommes heureuses de nous le dire.

En effet, mes enfants, dans l'étroite chaîne qui nous unit, vous ne sauriez faire vibrer un seul anneau sans que nous en ressentions le contre-coup. Vos succès sont les nôtres, votre joie fait notre joie; ce calme et cette union qui règnent entre vous, cet échange d'affection et de services mutuels sont autant de jouissances qui nous font oublier les épines dont est semée notre carrière d'institutrice. De même, mes chères amies, à toutes vos peines nous pourrions opposer les nôtres; à vos dégoûts nos fatigues, à vos pleurs nos alarmes. Eh bien! croyez-nous, dans cet ensemble de biens et de maux, nous avons toujours remarqué que la somme des émotions douces dépasse celle des soucis. Si vous saviez combien une lueur d'espérance nous fait oublier d'inquiétudes, comme le moindre de vos pas dans la route du progrès nous ôte le souvenir de tant d'explications répétées, redites de

Au cours d'une promenade dans les champs ou les prés, quand on s'était laissé séduire par une fleurette, on l'arrachait de son sol natal, et on l'emportait vers le jardinet, pelotonnée dans un papier ou dans une corne de mouchoir. Hélas! le « bouton d'or » ne tardait pas à dépérir...

Les occupations du jardin étaient multiples : on bêchait, on râtissait, on binait, on arrosait, avec tous les outils spéciaux dont on était abondamment pourvu; on plantait et déplantait continuellement.

Le bassin réclamait des soins particuliers. Il fallait en changer l'eau tous les jours et même plusieurs fois par jour. On rinçait les coquillages. Comme les poissons mouraient vite, les apitoiements étaient fréquents; entre temps, on surveillait les ébats des nouveaux. Parfois, un trop vif amour des splendeurs tentait la construction d'une grotte pour abriter le bassin.

Enfin, les plantations elles-mêmes étaient la cause de continuelles surprises parfois heureuses mais qui très souvent étaient d'amères déceptions. Tout cela était très passionnant!

mille manières et depuis tant d'années. Pauvres enfants! Vous vous lassez de revenir de temps en temps sur le même sujet, et nous, nous y repassons tous les jours de notre vie. Un mot, une remontrance vous afflige, et nous devons vous en adresser si souvent!

Le soin de déchirer les premières le voile d'insouciance dont vous marchez enveloppées n'est pas la moins pénible de nos attributions. Nous non plus ne voudrions voir pour vous dans l'avenir qu'un ciel pur et des vents favorables; nous voudrions vous laisser avancer sans troubler votre quiétude; mais quand les matelots s'endorment sur la foi des zéphirs, le prudent pilote veille sur le pont; son œil perçant distingue au loin, dans l'horizon tranquille, le point autour duquel s'amasseront les orages. Aussitôt sa voix avertit l'équipage qui, grâce à sa prévoyance, le moment venu, se trouve prêt à lutter contre la tempête. Et nous, mes enfants, pilotes de vos cœurs, nous observons comme lui les points menaçants dans votre ciel bleu. Ce sont tels défauts, telles passions naissantes, à cause desquels il nous faut plier des voiles et serrer des cordages, si nous voulons vous conduire sans péril au port du bonheur.

Jusque-là nous devons étudier et surveiller sans cesse. L'amant de la nature ne met pas plus de soins à cultiver les plantes nombreuses qu'il rassemble autour de lui, que nous n'en mettons à vous élever. Et pourtant, voyez avec quelle précaution il les débarrasse de tout insecte, de tout objet parasite. Comme il sait les redresser, leur imprimer une direction salutaire. Plus heureux que nous, il n'en voit aucune inopinément arrachée à son amour, pour aller fleurir dans une serre étrangère : le lieu qui l'a vue croître et pousser ses premières feuilles, la verra s'épanouir; elle n'ira point, toute chargée d'espérance, déployer ses richesses sous les yeux d'un autre maître. Il est si doux de cueillir la rose dont on a soigné le bouton ! Combien ne l'est-il pas davantage de savoir que la reconnaissance fait battre le cœur qu'on a formé; d'entendre cette voix qu'on aime vous dire : « Je ne vous oublierai jamais ; auprès de ma mère je parlerai de vous. » Il est si doux de sentir cette mère elle-même presser votre main, avec des larmes de joie plus éloquentes que des paroles. Oui, chères enfants, ce sont là des délices qui ne se retrouvent nulle part, et dont la pensée seule est une jouissance (*).

Dans une circonstance bien récente encore, nous avons dû remercier le ciel des grâces qu'il a attachées à notre état; vous savez dans quelle anxiété nous plongea la nécessité de remplacer cet asile devenu trop restreint. Vous savez aussi quelle main nous en a tirées et comment, pour comprimer l'élan de notre reconnaissance, elle feignit de n'acquitter que la dette de la sienne (**).

(*) En 1879, Madame Melet a supprimé toute la fin du discours de 1843, à partir des mots : « Dans une circonstance... » Elle termina ainsi :

« Rapportez-vous-en à votre vieille amie qui, dans le cours de sa carrière, a pu bien des fois faire l'expérience de cette vérité : Quelque chagrin qui nous atteigne, une consolation suprême nous est réservée, c'est la conscience du devoir accompli avec amour. Peut-être vous ai-je dit déjà, en tout cas j'ose vous le répéter en ce jour qui a pour nous une sorte de solennité : Si Dieu, me ramenant à l'entrée de la vie, me chargeait de choisir mon sort, je répondrais : « Seigneur, rendez-le moi tel que vous me l'aviez fait ; replacez-moi au milieu de mes chères petites filles ; là seulement je puis être heureuse, car, en mettant dans mon cœur l'amour de la jeunesse et l'amour de mon état, vous m'avez donné le vrai bonheur, celui que l'on porte en soi-même. »

(**) Allusion à la générosité de M. Bugnet, jurisconsulte éminent, professeur à l'École de Droit de Paris, qui, en reconnaissance des soins donnés à sa fille par Madame Melet, avait entrepris de faciliter à celle-ci le transfert du pensionnat dans un nouveau local plus vaste. Dans ce but, M. Bugnet avait acheté la maison de la rue Saint-Jacques, nº 1, où Madame Melet vint en effet s'établir l'année suivante.

6

La sympathie avec laquelle on applaudit au bienfait, l'intérêt qui accueillit cette amélioration de notre position furent pour nous un précieux témoignage d'estime dont nous demandons la permission d'exprimer ici notre gratitude. Mais, chères enfants, ce que nous serions coupables de vous laisser ignorer, c'est la bienveillance paternelle d'une administration dont la sollicitude ne nous a jamais fait défaut, auprès de laquelle nous avons toujours trouvé refuge et protection. Elle est la Providence visible qui veille sur vous, enfants, et sur nous ; elle encourage nos efforts réciproques ; sous ses yeux nous sommes heureuses de placer le résultat de nos travaux, et son suffrage est notre plus noble récompense. Enfin, se dépouillant pour nous de tout appareil austère, elle veut bien ne nous présenter que des amis zélés et des mères attentives (*).

(*) La fille du Sous-Préfet devait suivre les cours de la pension.

1847

Madame Melet ne prononça pas d'allocution en 1847. Elle avait eu la douleur immense de perdre Mademoiselle de Villeinne, morte le 14 mai, et dont la douce affection avait maternellement veillé sur son enfance et sa jeunesse.

24 Aout 1848

XII

Sur la Tâche de l'Institutrice (*)

Mes chères enfants,

Appelée par une douloureuse épreuve à réfléchir plus profondément que jamais sur l'importance de notre mission, frappée du caractère de dévouement et d'abnégation qui la rend si imposante, quand j'ai voulu, aujourd'hui comme autrefois, vous entretenir des devoirs de votre âge, je me suis surprise à ne songer qu'aux miens. Ils sont, du reste, si intimement liés que vous parler des uns, c'est vous rappeler les autres; et, lorsque vous connaîtrez les difficultés de notre tâche, peut-être vous sentirez-vous plus de courage et d'énergie pour travailler à la vôtre.

(*) Le discours est rempli d'allusions sur la mort de Mademoiselle de Villeinne, mère adoptive de Madame Melet. Le style lui-même est considérablement affecté du chagrin ressenti par l'auteur l'année précédente.

Jusqu'ici, mes amies, quelques-unes de vous ont cru sans doute que le mot « Devoir » était créé pour vous seules. Dans ce pèlerinage de l'année que nous accomplissons ensemble, nous voyant au sommet quand vous étiez à peine hors de la vallée, vous pensiez que pour nous tout était charme et délices, tandis que pour vous, toutes les peines et tous les efforts étaient réservés. Enfants, auriez-vous donc oublié déjà ces jours rapides où vous n'avez fait qu'effleurer la vie, sur lesquels vous avez passé comme l'abeille sur les fleurs, ne demandant à chacun d'eux qu'un peu de miel et de joie, et considérant le travail comme une épine fatalement attachée aux roses du plaisirs. Si, dans ces jours, nous vous avertissions que le travail lui-même était la fleur au fond de laquelle vous trouveriez le suc le plus nourrissant, moins ardentes que l'abeille, n'avez-vous pas attendu, pour y poser vos lèvres, que votre main abaissât la branche, écartât la corolle amère, et vous présentât, dégagé de tout obstacle, le calice au doux nectar ?

Si vous avez pu si tôt perdre ce souvenir, il vous suffira de regarder autour de vous pour comprendre comment nous sommes parvenues à vous inculquer les éléments de toutes choses. Vous voyez tous les jours la mère infatigable courir, les bras ouverts, au devant de son enfant, l'appeler à elle pour l'exciter à avancer son pied mignon ; puis reculer, l'œil toujours fixé sur lui ; éloigner le caillou qui l'inquiète ; revenir encore le rassurer en lui prenant la main, et s'il fait un pas, la pauvre mère oublier, dans son enivrement, qu'elle en a fait mille ! Vous souriez, mes jeunes amies, de vous voir comparées à cet enfant au bourrelet. Et pourtant, à peine eûtes-vous secoué les lisières du premier âge, que, devenant à notre tour les mères de votre intelligence, nous dûmes répéter les mêmes efforts pour vous engager dans le sentier inconnu de l'étude. Combien de fois depuis, n'avons-nous pas redescendu pour la gravir avec vous cette côte si abrupte d'aspect, dont la pente vous a semblé plus douce à mesure que vous vous éleviez davantage. Toujours sur la route, vous frayant le chemin, soutenant les plus faibles, pressant les plus tardives, vous prodiguant les encouragements, vous distribuant également le pain quotidien de l'intelligence, c'est ainsi que nous vous avons amenées jusqu'à ce jour, sinon toutes de front, du moins sans qu'aucune soit demeurée honteusement en arrière, ou n'ait recueilli sur son passage un épi mûr ou un fruit savoureux.

Eh bien ! mes enfants, ces soins appliqués à vous débarrasser des ténèbres de l'ignorance, cette patience nécessaire pour vous redire mille fois les mêmes choses, pour vaincre soit vos dégoûts, soit vos difficultés naturelles, tout cela n'est rien qu'une partie et la moins importante même de votre éducation. A quoi servirait, en effet, d'orner votre esprit, d'exciter votre curiosité, de développer les ressources de votre imagination ? — A faire seulement votre malheur peut-être, si d'un autre côté nous négligions en vous la culture du cœur. Nous ne vous souhaitons pas seulement instruites autant qu'on peut l'être à votre âge, mais nous voulons chercher à vous rendre bonnes, modestes, pieuses surtout, car, avec une piété solide, naissent la résignation aux épreuves, le courage dans l'adversité, et le contentement de sa position. La piété, pour la femme, c'est le voile qui la dérobe à tout regard profane, le bouclier qui protège sa faiblesse, la source limpide où se rafraîchit son âme épuisée.

Commençons donc par asseoir sur cette base inébranlable les principes que nous nous proposons de vous faire adopter; attachons-nous à déposer dans vos cœurs ce germe précieux de toutes les vertus. Plus tard, il nous deviendra un puissant auxiliaire pour corriger les imperfections d'un naturel si richement doué d'ailleurs, imperfections inhérentes à la légèreté de l'âge sans doute, mais qui néanmoins nous causent tant d'inquiétudes et nous remplissent d'une si constante préoccupation pour votre avenir. Tant il est vrai que tout dépend souvent des premiers pas, et que le défaut le moins grave à sa naissance peut, si on le laisse s'enraciner, causer le chagrin de la vie entière.

Hâtons-nous de prévenir un sort si funeste; mais gardons-nous en même temps qu'un excès de zèle ne nous emporte en dehors de notre but. Il ne suffit pas de savoir enseigner; savoir reprendre est plus difficile encore. C'est là l'écueil où sont venus échouer les systèmes les mieux combinés. Combien de fois les plus fermes résolutions ne se sont-elles pas évanouies devant les pleurs d'un enfant! Ah! il n'est pas si aisé qu'on le croit de redresser sans la froisser cette plante à peine éclose qui, n'ayant jamais vu la tempête, s'émeut au moindre souffle. Comment y réussir sans appeler à son aide mille ressources diverses? Finesse d'observation, tact subtil et délicat, sensibilité du cœur, expérience du passé, employons tout au service de cette œuvre à laquelle nous ne saurions apporter trop de soins et de précautions. Ne craignons pas de recourir aux sages instructions de ceux qui nous ont précédés dans cette carrière épineuse. Inspirons-nous, s'il se peut, de la douce gravité de Fénelon; profitons des leçons de tant de femmes distinguées par leurs talents, et surtout par l'heureux emploi qu'elles en ont fait. Mettons tout amour-propre de côté : trop souvent viendront les circonstances où nous ne pourrons trouver de véritable guide qu'en nous-mêmes. La nature, toujours imprévue, a des traits toujours nouveaux ; il faut sans cesse se tenir prêt à la prendre sur le fait. Telle méthode, applicable dans son ensemble, doit varier dans ses détails. On ne peut pas plus assujettir deux caractères aux mêmes raisonnements exclusifs, qu'on ne ferait passer par les mêmes ressorts deux membres qui auraient dévié de la loi naturelle. De là quelle multiplicité de moyens ! Car ce n'est pas un seul enfant qui est entre nos mains, ni même les enfants d'une seule famille, mais c'est une société d'enfants dont l'éducation première a été commencée de cent manières, dont les goûts et les caractères, se ressemblant en apparence, diffèrent entre eux autant que les physionomies qui en sont l'image.

Comprenez-vous maintenant, mes amies, qu'en s'appesantissant sur ces détails on soit effrayé de l'immensité d'une telle entreprise ? Pour moi, habituée à me reposer sur les conseils d'une expérience de trente années, je croyais ma tâche douce et facile, mais quand je n'ai plus entendu que dans mon cœur cette voix chérie qui m'avait dirigée jusqu'alors, ah ! vous le dirai-je, mes enfants, un moment accablée, j'ai senti mes forces défaillir et je me suis écriée : O mon Dieu ! ne m'abandonnez pas, car sans vous je ne pourrai soutenir le poids d'une telle responsabilité ! Si je me trompe, que répondrai-je à tant de mères qui m'ont dit : « Soyez une autre nous-mêmes » ; à tant d'enfants qui me crieront : « Qu'avez-vous fait de nos beaux jours ? » Que répondrai-je à la société qui me demandera compte de ses espérances perdues ?

Mais, ô mon Dieu, dans cette perplexité, vous m'avez dit par un mouvement secret : « Ce n'est pas en vain que je t'ai amenée dès les plus tendres années au milieu de ces enfants parmi lesquelles tu as grandi, et dont tu as connu tous les goûts, puisque je t'ai fait constamment vivre de leur vie, jouir de leurs plaisirs, et souffrir de leurs précoces douleurs. Ce n'est pas en vain que j'ai déposé dans ton cœur l'amour de cette jeunesse, si confiante envers ceux qui la comprennent. Ce n'est pas en vain que je t'ai donné un guide sage dont la vie leur fut dévouée, dont toutes les pensées furent pour elles et pour toi, dont tous les actes furent un modèle de ces vertus privées qui font monter vers moi un parfum plus suave que le plus pur encens. Tant de bienfaits ne seront pas perdus ; va, marche avec confiance ; ton ange tutélaire n'a pas cessé de veiller sur toi et sur ces enfants que tu aimes. Son esprit te soutiendra ; il sourit à tes efforts. Le peu que tu feras te sera compté.... »

Et j'ai repris courage, pensant que le zèle et le désir d'atteindre un louable but ne sauraient manquer d'encouragement et de sympathie. Vous me l'avez prouvé, ô mères, dont la confiance est tout le bonheur que j'ambitionne. Et vous, mes enfants, vous à qui je me plais à donner ce nom si doux, soyez bénies pour les consolations que j'ai puisées dans votre naïve affection. Ah ! continuez comme vous avez fait dans cette année qui m'a servi à mesurer mes forces, et pour moi la récompense sera douce et la tâche légère !

1849

XIII

Sur la Distribution des Prix

Mes chères amies,

Combien de fois déjà, en des jours semblables à celui-ci, ne vous ai-je pas vues tremblantes d'espoir et de crainte, rassemblées sous les yeux de vos mères non moins anxieuses que vous! Et combien de fois aussi n'ai-je pas senti mon cœur plein d'émotion se gonfler devant l'agitation du vôtre! Les mêmes circonstances se reproduisent chaque année sans que le retour en affaiblisse les sensations, tant il est vrai que la nature a des charmes qui jamais ne blasent.

Comment, en effet, n'être point attendri par les grâces du tableau que vous nous présentez! Qui donc, en vous voyant ainsi réunies, ne sent passer en soi un reflet de ces jours bénis où tout était riant comme au départ d'un beau voyage ! L'étranger même, qu'aucun lien ni aucun titre n'appelle, arrivant tout à coup au milieu de vous, ne saurait y rester indifférent. En vain les désenchantements de la vie ont refroidi son imagination et la désolante expérience a laissé sa rigide empreinte sur toutes ses facultés, il sent bientôt le nuage glisser et la glace se fondre au doux rayonnement de votre innocence et de vos fraîches illusions ; bientôt le mélange de votre joie naïve et de vos regrets plus touchants encore amène au bord de sa paupière une de ces larmes généreuses dont il croyait la source tarie pour jamais en son cœur.

Heureux enfants, puissiez-vous conserver longtemps ce précieux privilège d'endormir par votre seul aspect les douleurs de l'âme ! Mais, si telle est votre influence sur celui qui vous voit et qui passe, que devons-nous éprouver, nous qui vous avons suivies pas à pas dans la carrière, qui avons tenu dans nos mains le fil conducteur à l'aide duquel vous êtes arrivées au but ? Une indicible confusion de sentiments contraires bouleverse notre âme au point que nous ne savons qui de vous ou de nous est le plus oppressé en ce moment.

Pour vous, chères petites, nul doute que vous ne balanceriez point à prononcer, rien ne vous semble comparable aux longueurs de l'attente, et, parce que nous n'avons plus à douter, parce que l'urne mystérieuse nous a dit son dernier mot, peut-être nous demandez-vous ce qui peut nous préoccuper encore? Ah ! mes enfants, ne vous y trompez pas, votre agitation n'est pas causée seulement par l'incertitude du résultat; demandez-vous plutôt à vous-mêmes si ce sont là les impressions que vous ressentez, quand vous n'avez d'inquiétude que pour la réalisation de quelque projet charmant, ou quand, la veille d'un de ces jours anniversaires qui vous enrichissent, vous enfants, d'une année nouvelle, vous cherchez à deviner ce que vous a préparé l'ingénieuse tendresse de votre mère..... Alors aussi, il est vrai, vous voudriez presser les heures trop tardives, mais, par mille expressions diverses, votre physionomie reflète vos capricieux désirs, et vos prévisions se traduisent par une ardeur bruyante que l'on tenterait vainement de calmer.

D'où vient donc qu'aujourd'hui, même dans l'espérance, vos fronts se voilent d'une teinte de sérieux, presque de gravité ? Ah ! c'est qu'aujourd'hui votre jouissance n'est point attachée à des causes qu'un hasard fait changer, qu'un sourire et une caresse déterminent en votre faveur. Aujourd'hui ce n'est pas votre mère apprêtant pour vous les dons de son amour; c'est elle qui attend en silence ce que vous lui avez réservé. Et, vous le savez toutes, ses vœux et les nôtres sont impuissants sur la part qui vous doit échoir. Chacune ici n'apporte pour chance que ses efforts, son travail, souvent une mémoire plus facile, une intelligence plus précoce; mais toujours, toujours un travail meilleur et des progrès plus rapides.

Voilà pourquoi, craintives, vous regardez en arrière, et vous vous effrayez de ce qu'il vous resterait à glaner dans ce champ du passé où l'on ne peut retourner sur ses pas. Encore, pensez-vous, si ma moisson, toute chétive qu'elle est, recevait sa récompense; mais non, la plus belle gerbe doit seule obtenir le prix. Oui, mes enfants, ainsi le veut cette institution établie depuis bien longtemps avant nous, et que nous avons conservée de nos devanciers, pour vous forcer à vaincre vos dégoûts, et à vous surpasser vous-mêmes en essayant de surpasser les autres.

Toute lutte entraîne fatalement des triomphes et des défaites, et quels que soient les efforts des concurrents, il ne peut y avoir qu'un but et qu'un vainqueur. Ah ! s'il s'agissait de constater les progrès de chacune au lieu de désigner celles qui ont devancé leurs émules, nous voudrions vous donner à toutes un témoignage palpable de notre satisfaction ; à toutes nous tendrions les bras, car il n'en est pas une qui n'ait, un jour ou l'autre, surmonté sa mollesse, ou dont nous n'ayons pour quelque temps fixé l'extrême vivacité. Nous vous verrions toutes heureuses, et toutes vos mères ne pleureraient que de joie, et notre bonheur à nous serait sans partage....

Ne faut-il pas bien du courage pour repousser de telles séductions ? Ne semblerait-il pas qu'un philosophe austère pût seul résister aux larmes d'un enfant et se dire : « Dût la tendresse maternelle, souvent aveugle, m'accuser d'une injuste rigueur, je fermerai les yeux et « poursuivrai sans dévier la ligne que je me suis tracée. »

Eh bien, mes amies, c'est nous qui devons le tenir, ce langage, nous qui ne cherchons que votre bien présent et futur ; nous enfin à qui votre mère a dit : « Je « vous remets tous mes droits ; ayez, s'il se peut, tout « mon amour, sans partager ma faiblesse. »

Croyez-vous donc qu'il soit aisé d'aimer et d'être fort ; de voir tous les jours s'agiter et se développer autour de nous cette petite peuplade d'êtres chéris auxquels sont consacrées toutes les heures de notre vie, toutes les sollicitudes de notre âme, et de se raidir contre ses propres entraînements, pour demander à ces jeunes intelligences, avant de les combler d'éloges et de caresses, quelque chose de plus qu'un bon mouvement et une louable intention ? Quelle contrainte, quel empire à exercer sur soi-même ! Quelle nécessité, quand on veut se maintenir sur d'invariables bases, de se répéter souvent ces maximes, fruit d'une expérience plus longue et plus ancienne que la nôtre : « Les récompenses trop faciles n'amènent que de faibles résultats et mettent trop souvent en jeu l'intérêt matériel ; on estime peu d'ailleurs ce qu'on acquiert sans peine ; mieux vaudrait mille fois ne faire travailler la jeunesse qu'en vue de son propre perfectionnement, plutôt que de la voir préférer un plaisir, une valeur quelconque au sentiment d'avoir bien fait. »

Sans doute, mes chères amies, il s'en trouve parmi vous dont l'esprit est assez éclairé déjà pour apprécier le besoin de l'instruction, et dont le cœur, pénétré de reconnaissance envers vos parents, souhaite ardemment de devenir telles qu'ils vous désirent ; votre raison comprenant que le travail est une loi divine, nécessaire à notre existence morale et physique, vous ferait entreprendre courageusement le trajet qui mène à la réelle félicité. Mais ne tomberiez-vous pas bientôt en chemin ? Rebutées des difficultés, ne repousseriez-vous pas la main secourable que nous vous tendrions, si d'un autre côté, nous ne vous montrions vos compagnes déjà loin sur la route et se hâtant pour arriver les premières.

On l'a souvent répété : l'instruction est le plus puissant moteur de l'intelligence humaine ; sans elle les hommes resteraient stationnaires dans les voies du génie ; elle est donc indispensable aux enfants qui ne regarderaient jamais devant eux, si cette riante messagère de l'espérance ne les entraînait sur ses pas par le séduisant mirage de ses prix et de ses couronnes. Maîtres, considérons-la comme notre meilleure amie et la compagne inséparable de nos travaux ; nourrissons-en la flamme dans le cœur de nos élèves, tel qu'autrefois s'entretenait le feu sacré sur l'autel de la divinité ; mais, en même temps, veillons à ce que rien d'impur n'entre dans ce foyer où ne doivent brûler que des parfums exquis..... Vanité dédaigneuse, amour de l'éclat, rivalités basses et jalouses, fuyez loin du sanctuaire avec vos noires vapeurs de haine et de division ! Arrière ces couronnes que nous avions tressées pour des fronts candides, si elles devaient alimenter des passions funestes !

Non, non, nous n'en serons pas réduites à cette extrémité ; non, mes chères amies, vous nous donnerez une fois de plus la preuve d'une union qui fait notre joie et que ce jour ne servira qu'à resserrer encore. Les plus heureuses d'entre vous seront les plus oublieuses de leurs succès ; leur modeste victoire n'insultera point à l'infériorité de leurs compagnes ; celles-ci, plus généreuses encore, souriront au bonheur des autres ; ainsi se perpétuera parmi vous l'esprit de droiture et de concorde dont m'a été transmis le pieux héritage et que tous mes efforts tendent à conserver. Si notre impartialité de juge doit faire en ce jour un choix des élèves les plus avancées, notre cœur, vous le savez, n'admet point de distinction. Puisse donc rendre vos regrets moins amers cette assurance que toutes, sans exception, vous nous avez donné de la joie par votre travail et surtout par votre confiance en nos conseils. Quoi qu'il arrive, vous pourrez sans rougir embrasser votre mère, car ce ne sera pas vous présenter à elle les mains vides que d'avoir augmenté le petit trésor de vos connaissances, d'avoir déraciné une mauvaise habitude, ou fait éclore en votre âme une qualité nouvelle.

C'est là, voyez-vous, mes amies, la vraie, l'inaltérable

récompense à la portée de toutes, celle dont le temps ne fera que doubler le mérite au lieu d'en effacer les traces. Car, mes enfants, rentrées auprès de vos parents, les premiers jours d'enivrement passés, vous déposerez à la place la plus intime de votre habitation ces prix reçus au pensionnat, et nul que vous ne les verra plus. Beaucoup les oublieront; mais on n'oubliera jamais si vous fûtes bonnes et aimées. On y pensera dans toutes les phases de votre vie. De votre côté, peut-être, votre mémoire infidèle ne conservera pas intactes les leçons que nous vous aurons inculquées dans le cours de vos études; mais toujours, j'en ai la conviction, votre cœur retrouvera les accents du nôtre.....

Et vous, enfants chéries, pour qui ce jour est le dernier qui nous réunisse dans une vie commune, et pour qui ces paroles sont les dernières marques d'une tendresse désormais inactive à votre égard, allez porter la joie sous le toit paternel; fortifiées par l'exercice de la piété et du dévouement, faites-y fleurir, à l'exemple de vos mères, les vertus obscures mais solides qui sont le lien et la force des familles. Allez! Mais laissez-nous, heureuses de les avoir cultivées, recueillir, comme l'essence d'une fleur embaumée, le souvenir de ces années paisibles où vos douces qualités d'élèves nous faisaient trouver tant de charmes à nos soins pour vous, et, nous remplissant de consolations dans le présent, nous donnaient tant d'espérances pour l'avenir!...

Aout 1350

XIV

La Confiance

Mes chères amies,

Habituée à ne vous laisser partir que sous l'impression d'une dernière effusion, je voudrais, en ce moment où vous attendent les plaisirs des vacances et les caresses de la famille, me sentir animée d'allégresse et trouver pour vous de joyeuses paroles. Mais pourquoi les jours de bonheur eux-mêmes ont-ils leur amertume ? Sous cette atmosphère de fête qui nous environne, quelque chose d'aigu me serre le cœur et fait refluer jusqu'à ma paupière des larmes que ma volonté a peine à contenir. Je ne puis m'empêcher de voir, à côté de l'élève radieuse, celle qu'attend un sort moins favorable, à côté de l'enfant qui nous dit en riant : « Au revoir », la jeune fille qui, depuis aujourd'hui va manquer pour jamais à nos soins. A l'instant de la séparation, ces années déjà fugitives, où nous avons été unies dans une vie commune, m'apparaissent accumulées en un seul point.

Et comment ne les regretterais-je pas? Pour quelques heures pénibles, j'y retrouve tant d'heureuses journées, tant de jouissances intimes, dues à une mutuelle confiance, cher et précieux lien, qui nous épargna de part et d'autre bien des regrets et rendit nos entretiens plus expansifs; qui prêta à nos paroles le secours de la persuasion, et à vos promesses la religion du serment. Grâce à la confiance, que d'obstacles nous ont été aplanis! C'est elle qui, dès le commencement, nous fit perdre à vos yeux, quoique inconnues encore, la qualité d'étrangères. Au moment où vous franchissiez le seuil du pensionnat, vous sentîtes qu'elles allaient avoir un titre auprès de vous, celles à qui votre mère remettant une partie de ses droits et de son autorité, disait en vous embrassant: « Veillez sur mon enfant, remplacez-moi.... » A ce mot, mes amies, à ce mot que j'ai pourtant entendu bien des fois, je n'ai jamais su répondre que par un serrement de main, me sentant suffoquée moi-même, tant il me semble qu'il renferme de douleur et de confiance.

Oh! qu'une mère doit avoir réfléchi longtemps avant d'associer qui que ce soit à la sainte mission d'élever son enfant! Partager avec une autre ces soins dont elle a été jusque-là si jalouse! Lui abandonner cette tendre fleur en sa saison la plus délicate, quand elle sait que la direction qu'on lui donnera aura tant d'influence sur son avenir! Quelle solidarité va donc s'établir entre ces deux cœurs où se confondront désormais mêmes désirs, mêmes inquiétudes, mêmes espérances, et qui ne connaîtront d'autre joie que de constater vos progrès, d'autre crainte que de vous voir dévier de la ligne tracée devant vous. De loin et de près vous serez le centre commun de leur constante préoccupation. Là-bas, interrompant pour penser à vous un travail commencé pour vous, avec cette lucidité qui n'appartient qu'aux mères, rêveuse, la vôtre vous suivra dans vos exercices journaliers, travail ou récréation, tranquille du moins de savoir qu'ici nous aidons sans relâche votre développement moral, intellectuel et physique.

La nuit même, quand vous reposerez d'un sommeil de plomb selon le privilège de votre âge, quand votre mère, trompée par un doux songe, croira vous voir et vous embrasser, chez nous le sens de la sollicitude demeurera éveillé sur le précieux dépôt qu'elle nous a confié.

Saurait-on jamais déployer trop de zèle, user trop d'efforts, dans l'accomplissement d'une tâche qui, noblement comprise, s'élève presque à la dignité de sacerdoce ! Qui donc pourrait l'accepter avec indifférence, par habitude et, s'il faut le dire, par état ? Qui donc aussi pourrait y recourir négligemment, sans conviction, et seulement par esprit d'imitation ? Mais si nous ne nous sentions, ou si l'on ne nous croyait pas remplies du dévouement qu'elle impose, si nous pouvions vivre au milieu de ce que la création a de plus ravissant sans nous y sentir attachées par toutes les cordes de notre âme, nous descendrions donc au rang de mercenaires qu'un peu d'or a suffisamment récompensés, qui ne méritent ni estime ni égard, et dont tout le rôle se borne à débarrasser, pour un temps plus ou moins long, la maison paternelle de la turbulence et du bruit des enfants, leur débitant machinalement quelques préceptes, ne les instruisant que par amour-propre, les réprimant sèchement et sans intérêt !

A Dieu ne plaise, mes chères enfants, que vous retrouviez l'image de nos relations dans ce tableau d'une aridité désolante. Non, non..., nous pouvons porter le front haut devant vous ; aucune démarche humiliante, aucune promesse inconsidérée de notre part ne vous a attirées ici. La confiance de vos parents vous y a placées, celle qui de là s'est établie entre nous vous y a seule maintenues. Persuadées que, sans elle, il n'y a pas d'éducation possible, soit que nous vous reprenions, soit que nous vous encouragions, nous nous sommes appliquées à vous convaincre que notre but était, avant tout, votre bien personnel. Vous l'avez compris, ô mes amies, et vous nous avez aidées à surmonter les difficultés dont notre route ne saurait, pas plus qu'une autre, être exempte.

Aujourd'hui même encore, c'est la certitude que vos travaux ont été pesés dans la balance de l'équité qui vous fait attacher plus de prix à vos succès, et supporter avec plus de fermeté un revers, convaincues qu'au fond du cœur, nous vous tenons compte de vos progrès et de vos efforts particuliers. Et vous avez raison ; s'il en était autrement, ce système d'émulation et de concurrence, établi pour exciter l'ardeur de la jeunesse, perdrait tout son fruit. Il faut ou l'abolir ou l'exercer avec impartialité, quoi qu'il en coûte.

N'insistons donc point sur une question résolue, et pour nous, réjouissons-nous de trouver dans vos jeunes cœurs une appréciation du nôtre, un fond de droiture sur lequel nous avons toujours compté et auquel nous avons eu souvent recours ; car, tant indispensable que soit l'œil du maître, il est bon pourtant de laisser une part à la conscience de l'élève dans le soin d'éviter les fautes. Nous vous l'avons donc faite aussi large que possible, toutes les fois que nous l'avons pu sans danger, nous en rapportant en mille circonstances à votre discré tion, ou vous croyant sur votre simple affirmation. C'est un grand pas de fait en matière d'éducation, que d'avoir inspiré à l'enfant le sentiment de sa propre dignité. Vous ne doutez pas de sa sincérité, vous le placez assez haut dans votre estime pour participer à votre confiance, comment pourrait-il vous refuser la sienne? Alors plus de restriction, plus d'arrière-pensée; ce n'est plus la voix du maître qui lui parle, c'est la raison, c'est le devoir. Loin de résister à la main qui l'entraîne, il la prend de lui-même comme un appui qui ne saurait faillir: et voilà deux amis qui cheminent côte à côte, dont l'un, repassant sur des sentiers déjà parcourus, prémunit le jeune novice contre les dangers cachés, et l'aide à moissonner les fleurs et les fruits de la route. Si le guide, chargé de plus de soins, cherche un instant de repos, l'autre n'en profite pas pour courir au devant du danger. Pourtant, (si fragile est la jeunesse) lui arrive-t-il de se laisser séduire par une trompeuse apparence, sans attendre que sa faute se découvre par ses propres conséquences, de lui-même il en fait l'aveu, et ensemble ils combattent le mal, ensemble ils cherchent le remède.

O touchante union de deux âmes, qui n'ont point de secrets l'une pour l'autre! Qu'il est doux de se reposer sur un autre soi-même des soins inquiétants de l'avenir, de penser qu'une tendre indulgence jette un voile discret sur nos faiblesses, et de payer tant de bienfaits par la reconnaissance! Profitez, mes chères enfants, des enseignements qui vous sont offerts; que votre cœur soit un livre toujours ouvert à l'œil vigilant qui prévoit tout pour vous. N'attendez pas qu'un jour l'expérience vous fasse payer ses austères leçons de votre repos, de votre réputation peut-être, ou encore, plus tristement, des reproches de votre conscience. Vous éviterez ce malheur si, regardant votre mère comme votre meilleure amie, vous ne lui cachez aucune de vos pensées, si vous fuyez comme dangereuse toute confidence où il ne vous serait pas permis de la mettre de moitié.

Ah ! quand il vous est si facile de laisser couler vos jours dans leur pente naturelle, comme un ruisseau limpide où se mirent les ombrages que la main de la nature a plantés sur ses bords, pourquoi donc iriez-vous, imprudentes, vous jeter à l'encontre des écueils? Combien de jeunes insensées se sont amèrement trompées en croyant tromper leurs mères, et ne s'en sont aperçues que trop tard!

Tromper sa mère! O mes enfants, ce mot vous frappe d'une horreur égale à celui de sacrilège ! Ah ! c'est qu'en effet c'est frustrer les vues de la Providence qui vous l'a donnée pour protéger votre faiblesse, pour vous initier, sous la garde de sa tendresse, aux premières épreuves de la vie. Quoi qu'il advienne, ne vous départez jamais d'un sentiment qui fait la force de toute autorité, la joie de toute obéissance, d'un sentiment qui, comme tous ceux que Dieu créa pour adoucir nos peines, porte avec lui le caractère de sa céleste origine. Compagne inséparable de la vertu, indissoluble nœud des plus saintes affections, la confiance répand, partout où elle règne, une pure sérénité que ne connaît point l'âme du méchant. Elle nous pénètre de bienveillance envers nos semblables, et se servant des facultés de notre âme comme des degrés d'une échelle mystérieuse, elle nous élève par de continuelles aspirations vers un but qui ne saurait tromper notre attente, car il nous est indiqué par la confiance en Dieu.

Appuyées sur ce roc inébranlable, avancez sans crainte, mes chères amies, dans une voie où chacun de vos pas doit être marqué par un progrès. Vous n'êtes encore qu'au début de la carrière; des mains dévouées vous en ont écarté les épines sans pouvoir néanmoins vous garder de toutes les déceptions. Mais ici, comme dans les devoirs plus sérieux qui vous attendent, les distinctions extérieures ne sont pas la véritable récompense à laquelle vous devez prétendre. Il en est qui vont plus directement au cœur et qu'aucune puissance supérieure ne saurait vous enlever. Croyez-nous donc quand nous vous affirmons que, si nous sommes heureuses de parer vos fronts d'une couronne qui est le prix de l'étude, avec bien plus de charmes encore nous voyons déjà rayonner autour de vous le doux éclat de celle que la femme la plus modeste est toujours fière de mériter : l'estime des autres, le contentement de soi-même, et l'affection de ses proches.

25 Aout 1851

XV

Influence des Femmes

Mes chères amies,

Nos exercices sont terminés. Après une année de travail, nous voici de nouveau au moment des adieux, vous, tout au présent, nous, lisant dans l'avenir, et cherchant à mettre dans un dernier conseil tout ce que notre âme renferme pour vous de sollicitude. Ainsi le laboureur dont les sillons sont remplis, confie encore à la terre la chétive semence qu'avait retenue sa main, espérant que la Providence, devant laquelle rien n'est perdu, la fera mûrir pour la moisson prochaine. Quand sera écoulé votre riant printemps, viendra aussi pour vous, mes amies, la saison de recueillir le fruit de vos labeurs et des nôtres. Puissiez-vous alors être prêtes pour la mission qui vous attend en ce monde où chacun a sa place marquée, depuis le roitelet qu'abrite une feuille de chêne jusqu'à l'aigle qui plane à la cime des monts.

La vôtre, à quelque condition que le sort vous réserve, sera celle de toute femme qui possède le sentiment de son devoir : trouver le bonheur en le donnant, gagner en estime, en confiance, ce qui nous manque en autorité, et, par là, mériter de conserver, d'augmenter même l'influence qu'il nous a été donné d'exercer sur un sexe bien supérieur au nôtre sous le rapport de la force et de la hardiesse des conceptions.

Nous ne saurions donc commencer de trop bonne heure à nous diriger vers ce but. Que tout serve au développement de nos facultés ; étendons-les par l'étude et la réflexion. Pour marcher à côté d'hommes sérieux, appliquons-nous à devenir des femmes sensées, dignes de comprendre et d'exciter de nobles efforts. Et voyez, mes amies, comment tout concourt à ce résultat. Que d'encouragements vous sont donnés, que de sympathies pour vos progrès ! Aujourd'hui même encore, pourquoi cette réunion touchante de familles, d'amis, de zélés protecteurs de l'instruction, si ce n'est pour vous prouver de quelle importance est aux yeux de tous l'éducation des femmes ?

Aussi, les émotions que vous éprouvez en ce moment laissent-elles dans l'âme des traces profondes. Les jeunes filles mêmes qui ont cessé d'y prendre part se les rappellent sous le toit paternel ; à chaque retour de cette époque si remplie de préoccupations, reportant leurs pensées vers les compagnes qu'elles ont laissées au pensionnat, elles se sentent tressaillir encore sous l'impression de ce souvenir. Que sera-ce donc plus tard ? Avec quelle ardeur ne se réveillera-t-il pas, lorsque, devenues à leur tour les guides d'une naissante famille, elles se trouveront identifiées à des succès qui leur seront plus chers que ne leur auront jamais été les leurs. Combien alors l'impulsion qu'elles imprimeront à ces cœurs tout à elles, devra se ressentir de leurs épreuves passées. Elles leur diront, d'après leur propre expérience, tout ce qu'il faut de persévérance pour réussir, de confiance et de docilité à la voix du maître pour ne pas s'égarer; elles les habitueront à bénir cette main équitable qui distribue, dans leur juste proportion, punitions et récompenses. Sachant sur quelle base inébranlable sont assises les lois qui régissent la jeunesse, elles leur apprendront à voir les choses sous leur véritable aspect, et leur montreront, au-delà de la couronne, — but apparent proposé à leur émulation, — le but réel de la sagesse, de la force morale et de l'élévation d'esprit qu'ils se trouveront avoir atteint. Quand ces cœurs reviendront à elles du combat, et s'il s'agit de garçons, au lieu de les accueillir avec les mesquines considérations de l'amour-propre satisfait ou froissé, elles s'enquerront avant tout s'ils ont travaillé à devenir des hommes.

Oh! oui; car enfin, former des hommes, appuis de la société, c'est à quoi sont appelées ces jeunes filles que nous voyons aujourd'hui craintives et tremblantes sous tout regard qui n'est pas celui de leur mère. A d'autres sans doute appartiendra le soin de verser dans un esprit avide de connaître, les trésors d'une instruction solide et fortifiante. Ceux-là agrandiront pour lui le domaine du temps et de l'espace, soit en faisant revivre à ses yeux les grands hommes dont l'exemple le frappera de respect et d'admiration, soit en l'initiant à la connaissance de tant de merveilles infinies que la science a dévoilées, soit encore en lui ouvrant les voies d'une industrie qui progresse sans cesse et dont les produits font la richesse des États en même temps qu'ils contribuent au bien-être de tous.

Mais qui choisira des guides habiles pour la carrière qu'il doit embrasser? Qui déposera dans cette âme ardente les germes qui la rendront apte à recevoir de sérieuses leçons? Le fini de cette éducation où se trouvent, à côté de la mâle énergie du caractère, la douceur des mœurs et la politesse des formes; ce sentiment profond de sa dignité intérieure et de sa noble origine, qui ne s'efface jamais au contact de mille opinions divergentes et lui offre toujours un refuge au milieu des orages de la vie, qui le donnera? Qui infusera dans son cœur avec le sang qui le fait battre, avec le lait qui le nourrit, cette manne divine, principe de toute vertu, soulagement de toute douleur?.... C'est sa mère! C'est celle que Dieu a faite si tendre pour l'aimer, si prévoyante pour le guider, si forte pour le sauver!

Ne vous étonnez pas, mes amies, qu'anticipant sur les années, nous vous parlions déjà de devoirs si importants qu'ils vous semblent enveloppés dans les voiles d'un avenir bien éloigné. C'est que, voyez-vous, ce n'est pas au moment de les accomplir que vous pourrez tout à coup trouver les ressources nécessaires. Quand on a touché l'écueil, il est trop tard de regarder en arrière pour regretter les précautions dont il eût été sage de se prémunir. Vous êtes à cet instant précaire du départ: à vos yeux, tout sourit; la nature est si belle et le ciel si pur, pourquoi craindre?.... Laissez-nous, mes enfants, nous qui connaissons mieux la route, laissez-nous sonder pour vous les profondeurs de l'horizon et nous demander ce qu'il peut contenir de menace ou de sécurité; croyez-nous, armez-vous de prudence pour ce voyage où de grandes choses vous attendent.

De grandes choses? direz-vous; à nous, vouées d'avance à l'obscurité de la vie de notre intérieur, oublieuses de toute gloire, de toute distinction personnelle? — Oui, mes enfants, à vous qui coulerez vos jours au sein du foyer domestique dont vous serez l'âme et le lien. Oui, car c'est de là que se déverseront les sages avis de la tendresse, les encouragements au bien, les grandes résolutions, les consolations dans les traverses, enfin l'amour de l'ordre et de l'union, ces vertus qui font le bonheur des familles et des nations. C'est là qu'aimée, respectée, sans sortir de cet asile qui est son sanctuaire, la femme a, de tout temps et chez tous les peuples, exercé une influence dont se sont ressentis les progrès de la civilisation. Ceux-là seulement sont restés stationnaires qui l'ont négligée ou reléguée au rang d'esclave. Ont-ils avancé avec les autres, ces Orientaux chez lesquels elle languit encore dans la molle apathie d'un être dépourvu d'âme et d'intelligence? Ils avaient mieux compris son rôle, ceux qui, tout en ménageant sa modestie, et regardant comme la plus vertueuse la femme dont on parle le moins, lui voulaient cependant une éducation robuste, en rapport avec les inclinations martiales qu'elle devait inspirer à leurs enfants. Il n'avait pas mis les femmes en oubli non plus, ce peuple-roi qui, dès son origine, vit deux grandes armées suspendre leur fureur devant leurs instances et celles de leurs filles en larmes; ce peuple qui compta dans son sein une Cornélie, faisant de ses enfants la plus belle parure, une Véturie dont la présence eut seule le pouvoir de fléchir un vainqueur ulcéré, et en un mot, chez qui presque toutes les révolutions se rattachent au nom d'une femme.

Et parmi ces hordes sauvages de la Germanie et de la Gaule, de quel respect n'étaient-elles pas entourées? Là, considérées comme des intermédiaires entre les hommes et les dieux, douées, disait-on, d'un pouvoir prophétique et presque divin, elles avaient voix dans les conseils où l'avis des jeunes filles passait avant celui des vieillards.

Comment donc concilier avec tant de vénération l'usage cruel de les condamner au moindre soupçon et le droit absolu de vie et de mort qu'acquéraient sur elles leurs époux après les avoir achetées? C'est qu'une religion bienfaisante n'avait pas encore dissipé de sa céleste lumière les ténèbres de cette barbarie.

Mais quand cette religion eut fait voir au vieux monde en ruine le genre humain régénéré par une Vierge, quand elle eut proclamé la réhabilitation de la femme, quand elle l'eut déclarée la compagne et l'amie de l'homme, et non plus son esclave, alors la mission de celle-ci prit un caractère vraiment sacré. Elle devint la fidèle servante d'une foi qui l'avait rendue à sa dignité première et qui répond à tous les besoins comme à toutes les affections de son âme; car c'est encore cette foi qui lui fait trouver dans sa conscience plus de courage pour se vaincre, plus de patience pour surmonter ses épreuves, surtout plus d'éloquence dans une parole du cœur que n'en ont jamais eu les stoïciens et les philosophes de l'antiquité avec tous leurs savants raisonnements. Que de simplicité dans son abnégation! Que de constance dans son dévouement! Elle a passé, la vierge chrétienne, au milieu d'une foule affairée. L'impie lui-même l'a reconnue à sa robe de bure et à son voile modestement baissé; une puissance supérieure l'a forcé de s'incliner, car demain peut-être, couché sur un lit de douleur, il recevra de sa main attentive les soins les plus délicats, et il entendra de sa bouche ces encouragements qui soulagent le malade presque autant que le remède même. Et lui, l'homme coupable sinon criminel, il appellera l'ange terrestre « ma sœur », et qui sait si, comme tant d'autres déjà, touché de ses douces exhortations, il ne rendra pas à sa famille un mari, un père que les passions avaient dégradés de ces nobles titres? Mais si Dieu a disposé de ses jours, s'il l'appelle à lui en rendre compte, « sa sœur » ne l'abandonnera pas à cette heure d'angoisses, elle s'efforcera de calmer ses terreurs et de faire monter vers le ciel avec le dernier mot de sa prière, le dernier souffle d'une âme repentante.

O sublimité d'une religion qui jamais ne désespère, qui a doué la femme faible et timide d'une infatigable persévérance, d'une persuasion irrésistible quand il s'agit de la défense de ses lois. Après tant de bienfaits, n'était-il pas juste que la femme consacrât à la religion les dons qu'elle avait reçus de celle-ci, et appliquât toutes ses facultés au soutien d'une cause qui est la sienne propre? Aussi, mes amies, voyons-nous aux premiers temps de notre histoire une pieuse reine user de son ascendant sur le cœur de son époux pour lui faire embrasser cette religion sainte qui bientôt devint celle de la nation entière. Ensuite, hélas! d'affreux désordres ensanglantent le sol de la France, deux rivales ambitieuses y acquièrent une triste célébrité...

Passons et cherchons une preuve de l'influence des femmes ailleurs que dans ces luttes malheureuses qui font frémir la nature. N'est-il point chez nous assez de vertus, assez de généreux dévouements ?... Combien de régentes habiles ont fait mentir la loi qui les frappe d'exclusion ? Que d'héroïnes paraissent pour enflammer les courages et susciter un noble enthousiasme ! Partout elles s'associent à ce qui est grand et à ce qui fera de leur patrie la première entre toutes, pour la vaillance du cœur comme pour les travaux de l'esprit, aussi bien dans la lice où se dispute la gloire des armes que dans ces paisibles combats dont une fleur est le prix ! Mais surtout, mes amies, voyons-les se servir de leur plus doux privilège pour désarmer les fougueuses passions, rappeler les sentiments de clémence et de générosité. Voyez le vindicatif Edouard n'accorder qu'aux prières de sa femme la grâce de ses sublimes Calaisiens qu'il avait refusée même à son fils.

Et dans ces temps que l'on proclame les plus brillants de leur empire, où guerriers, poètes, musiciens devaient pour leur plaire acquérir gloire et haute renommée, croyez-vous que, bornées au rôle de souveraines, les femmes se soient contentées de recevoir les hommages sans les payer d'aucun sacrifice ? Non, enfermées dans leurs manoirs, elles s'occupaient à préparer le baume et la charpie destinés à panser les blessés ; elles se dépouillaient de leurs bijoux, de leurs ornements précieux pour en former la rançon des prisonniers. Vous connaissez ce mot du chevalier breton : « Les femmes de mon pays vendront le fil de leurs quenouilles plutôt que de me laisser « aux mains de l'étranger. »

Enfin la chevalerie expire, et avec elle cette sorte de culte dont l'exagération avait fini par dégénérer en fadeur de sentiment. Depuis cette époque jusqu'à nos jours, soit que le pays se torde dans les convulsions de la guerre civile, soit que raffermi par une main puissante, il accroisse les sources de sa prospérité, nous voyons, par des exemples ou publics ou particuliers, ce que les femmes peuvent causer de biens ou de maux, suivant qu'elles sont fidèles aux lois de la vertu ou qu'elles s'en écartent. Car, on ne peut se dissimuler les malheurs qu'entraînent non seulement les vices, mais même l'absence de certaines qualités chez les femmes. Donc si Dieu voulut bien attacher tant de prix à ces qualités qu'il nous a données, efforçons-nous de plus en plus de les acquérir.

Toutes jeunes que vous êtes, mes amies, vous pouvez déjà beaucoup pour le bonheur de ceux qui vous sont chers. A la fin d'une journée utilement et souvent péniblement employée, il est doux à votre père de reposer ses regards sur vous comme sur celle qui le dédommagera de tant de fatigues et de sacrifices; de voir votre sourire qui rafraîchit sa pensée, de sentir son cœur réjoui par vos caresses. Faudra-t-il donc, quand il croit n'avoir plus qu'à jouir, qu'il s'arme d'un front sévère pour réprimer des penchants contraires à la félicité qu'il vous prépare? Et votre mère qui se trouve déjà payée quand elle vous récompense, la contristerez-vous par votre légèreté, par votre insouciance et par le peu de cas que vous faites de ses conseils? Oh non, non, mes enfants; rassemblez tout ce que la nature a mis en vous de bon et de sensible pour combattre de dangereux entraînements. Puisque la part du cœur est vôtre, mettez-la de moitié dans toutes vos actions; bannissez de votre pensée tout intérêt personnel, et, même en un travail qui ne doit profiter qu'à vous seules, ayez d'abord en vue la satisfaction qu'en retireront vos parents. Soyez patientes, résignées dans les contrariétés, humbles au temps de la prospérité, pieuses, actives, appliquées toujours. Fuyez, fuyez l'oisiveté qui amène l'incapacité d'esprit, la langueur du corps, et qui tôt ou tard finit par dessécher le cœur. Avec cette simple recette, vous arriverez comme tant d'autres à remplir une mission toute de paix et de consolation, dont vos mères vous donnent l'exemple, dont nous cherchons à vous indiquer les voies.

AOUT 1852
& 1874

XVI

INSTRUCTION, ÉDUCATION

MES ENFANTS,

Nos vieilles coutumes consacraient par des fêtes la clôture de chacun des travaux de l'année; aujourd'hui encore, quand la dernière gerbe est rentrée, chargée de rubans et de fleurs, quand la dernière grappe a payé son tribut au pressoir, moissonneurs ou vendangeurs célèbrent joyeusement la récolte nouvelle. Ils ont raison, car ces épis pleins de grains, ces grappes parfumées, sont du pain pour l'enfant, du vin pour le vieillard; c'est la nourriture et la force des familles, la richesse et la la sécurité de la nation tout entière.

Mais alors que celliers et granges sont remplis, tous les besoins sont-ils satisfaits? Non, mes enfants. Vous le savez, « *l'homme ne vit pas seulement de pain* ». Une autre culture, non moins essentielle à la vie des peuples, réclame de son côté tous les efforts de l'intelligence et du dévouement : c'est celle de l'esprit ou plutôt de l'âme. Elle aussi a ses fêtes où l'on accourt à cette époque de l'année. Le tendre intérêt que l'on porte à la jeunesse y convie tous les cœurs; vous en avez la preuve aujourd'hui, vous qui, plus encore que la gerbe aux épis serrés, recélez dans vos rangs tant de promesses pour l'avenir. Si modeste que soit la moisson, elle réjouit celui qui a jeté la semence. Voilà pourquoi, souriant à vos succès, nous nous plaisons à constater, en présence de vos familles, le résultat satisfaisant qu'a donné l'ensemble de vos études.

Continuez de travailler avec ardeur, mes enfants. Vous le voyez, chaque jour accentue davantage l'importance que l'on attache aux études des jeunes filles. Tout ce qui vous entoure, nos efforts incessants, les vœux et les sacrifices de vos parents, vous ont assez convaincues de la nécessité de l'éducation, pour que nous n'entreprenions pas de vous le démontrer. Toutes jeunes que vous êtes, vous avez pu déjà comparer votre sort à celui de tant de pauvres enfants encore privés, malgré la sollicitude de l'Autorité, de cette manne précieuse qui vous est prodiguée avec une tendre effusion.

Combien de fois n'avez-vous pas entendu vos parents se dire en travaillant pour vous : « Dussions-nous ne laisser d'autre fortune à nos enfants, donnons-leur avant tout l'instruction. » *Instruction, éducation,* ces deux mots ont donc frappé vos oreilles dès le berceau, et, sans comprendre encore tous les avantages qu'ils vous promettaient, vous vous êtes peu à peu habituées à les regarder comme un solide bien, un fonds de ressources assurées.

L'Éducation forme notre cœur, l'Instruction enrichit notre esprit; celle-ci nous apprend nos devoirs, l'autre nous les fait aimer et pratiquer; elles deux résument toute la science de la vie. On les confond souvent, et pourtant il existe entre elles une distinction marquée.

L'instruction n'est que le complément de l'éducation, l'occupation de quelques heures par jour; elle a besoin d'être donnée à intervalles et par mesure; le repos lui est aussi nécessaire que l'est un sommeil rafraîchissant au développement de nos facultés physiques. Il a fallu, avant de vous en inculquer les plus simples notions, attendre que votre intelligence fût assez ouverte et vos fibres assez affermies pour se prêter sans fatigue à quelques minutes d'attention. Mais l'éducation n'a point d'arrêt, elle est de tous les instants. La vôtre a commencé aussitôt que votre œil a pu se fixer sur celui de votre mère et votre sourire répondre à son sourire. Son regard est devenu votre étoile tutélaire, vous inondant de ses ineffables rayons quand vous y saviez lire le vœu de sa tendresse, mais se voilant d'un léger nuage si vous en méconnaissiez les douceurs. Ainsi le germe précieux était déjà levé; vous commenciez à discerner le bien d'avec le mal, et votre éducation fut dès lors sa préoccupation constante, aux jeux, aux leçons, aux repas, le matin et le soir surtout, à ces heures bénies où elle vous faisait offrir à Dieu les prémices d'un cœur qu'elle n'eût voulu céder à nul autre, quand son doigt levé vous indiquait le bon ange chargé de veiller sur votre fragilité et s'affligeant de vos fautes. Jours heureux qui nous semblent plus présents à mesure que nous nous en éloignons davantage! Qui de nous ne revêtait alors le messager céleste des traits les plus aimés et n'associe encore à cette pure essence un souvenir des formes maternelles ?

Le sentiment religieux entra donc dans votre âme avec un sentiment d'amour, et sur une base sacrée s'appuyèrent tous les principes qui, unis aux sages exemples, devaient former l'ensemble de votre éducation.

Ensuite vinrent les premiers efforts demandés à votre intelligence, le premier appel fait à votre mémoire. La culture de l'esprit allait marcher de front avec celle du cœur et, s'appuyant l'une sur l'autre, elles durent se prêter un mutuel secours. Alors il fut aisé de voir l'influence que peuvent exercer sur le travail et les progrès l'habitude de la docilité et le désir ardent de satisfaire ses parents.. Devant ces puissants auxiliaires les difficultés s'aplanissent, la mémoire la plus rebelle ne résiste pas au patient labeur de la persévérance. Tantôt se pliant aux combinaisons des nombres, votre imagination, naturellement si mobile, consent à se fixer, et votre raisonnement acquiert de la solidité. Tantôt parcourant les pays de l'histoire, votre admiration s'exalte en présence de ces immortels efforts auxquels se rattachent les destinées de tout un peuple. Vous vous attendrissez sur le sort du vaincu trahi par la fortune et non par son courage, forcé d'abandonner à l'étranger le tombeau de ses ancêtres et la liberté de ses enfants. Vos yeux se mouillent au récit d'un dévouement sans récompense, et vous en appelez à l'éternelle justice qui, loin des spéculations d'ici-bas, réserve d'impérissables couronnes à la vertu éprouvée.

Le goût se forme, le jugement se rectifie, les idées se coordonnent et s'enchaînent, l'esprit d'analyse se développe à la lecture des chefs-d'œuvre qui ont illustré notre langue. On se sent meilleur après avoir applaudi à ce qui est bien ; l'âme est ennoblie quand on s'est élevé jusqu'au sublime ; et pourtant le cœur devient plus humble en mesurant la distance qui nous sépare de tant de grands modèles. A mesure que l'instruction déroule à nos yeux un horizon plus vaste, nous remarquons combien est étroit le cercle où nous nous trouvons renfermés.

Mieux vous saurez, mes enfants, moins vous serez accessibles aux mesquines prétentions de la vanité ; vous aimerez l'étude non pour la supériorité qu'elle pourrait vous donner, mais parce qu'en étendant vos facultés elle augmente vos jouissances intellectuelles. Protégées par une éducation sérieuse et amie du devoir, vous vous tiendrez à l'abri du travers que l'on reproche à quelques-unes : celui de regarder comme au-dessous de leur valeur personnelle la position que leur ont choisie leurs parents. Oui, c'est là quelquefois le résultat du faux brillant dont on entoure une instruction mal dirigée ; mais un esprit sage, loin d'être détourné par elle des exigences de son emploi, ne trouve au contraire dans l'aliment qu'elle fournit à ses pensées qu'un plus sûr préservatif contre ces distractions oiseuses nées de la frivolité, qui s'achètent trop souvent au prix d'un temps précieux ou de la réputation d'autrui.

Telle de vos compagnes, plus favorisée en ce moment par la fortune de ses parents, semble désignée à l'avance pour paraître avec éclat dans le monde. Rien n'est épargné pour qu'elle en soit un jour l'ornement. N'oublions pas que les revers peuvent arriver : que deviendra-t-elle sans la connaissance de ces détails auxquels on ne croyait pas qu'elle dût jamais se livrer ? C'est ainsi qu'en préparant les unes à monter, les autres à descendre, l'éducation établit une sorte de niveau qui vous enseigne à ne rien négliger; et, si vous ne pouvez tout faire, au moins devez-vous tout estimer de ce que font les autres femmes.

Plût à Dieu, mes amies, que vous n'eussiez jamais étudié, si nous devions voir un jour le pédantisme imprimer son ridicule cachet sur les quelques connaissances que vous posséderez. Non, grâce à la nature et à l'éducation, vous resterez vraiment femmes, et vous saurez toujours couvrir du voile de la modestie aussi bien les talents qui nous charment que les douces vertus qui vous font aimer. Effrayées du peu que vous aurez acquis, comparé aux peines qu'on s'est données pour vous le communiquer, vous vous sentirez pénétrées d'indulgence pour celles à qui les mêmes ressources ont manqué, et vous aimerez à remarquer sous cette enveloppe un peu rude, à côté de ce langage incorrect, un mérite d'autant plus vrai qu'il n'appartient qu'à l'excellence de sa nature et qu'il résulte de ses propres réflexions. Partout où vous rencontrerez un sentiment délicat, un cœur généreux, vous trouverez à profiter pour vous-même. Si vos sens sont charmés du goût et de l'aspect de fruits délicieux qu'une savante et laborieuse culture a forcé nos jardins à produire, qu'une main habile a disposés ensuite en pyramides élégantes pour le luxe des tables, ne vous ai-je pas vues aussi attacher du prix au doux jus de la mûre que vous aviez trouvée parmi les buissons épineux? « Et moi aussi, vous direz-vous, je serais semblable à l'arbuste sauvage et peut-être même ne porterais-je que des fruits amers, si des soins vigilants ne m'avaient entourée dès mon berceau. » Cette pensée augmentera les sentiments de gratitude dont vous êtes animées déjà pour ceux qui vous les ont prodigués.

Jeunes et tendres plantes que nos mains ont cultivées

avec tant d'amour, vos rameaux fertiles nous promettent une heureuse récolte ; mais la saison n'est pas encore venue de la recueillir. En quittant cet asile ne pensez pas que votre éducation soit achevée. Une main plus chère que la nôtre doit continuer notre tâche et vous initier à de nouveaux devoirs. Que les égards dont vous allez entourer vos parents, votre attention à leur plaire en toutes choses, puissent donner la première preuve du succès de nos travaux. Vivez pour eux ; consacrez-leur toutes vos affections jusqu'au jour où, réclamant de vous la dette que doit lui payer chacun de ses membres, la société, en vous classant parmi les femmes dont les vertus font sa force, cueillera enfin le fruit dont nous aurons soigné la fleur.

AOUT 1853
& 1881

XVII

LE RESPECT

MES CHÈRES AMIES,

ENCORE les instants que réclame la tâche à la fois douce et pénible de vous faire connaître le résultat d'un concours aussi consciencieusement apprécié que sérieusement soutenu, et l'heure suivante vous verra bientôt dispersées, courir à vos joyeuses vacances. Vous allez nous quitter, les unes pour quelque temps, les autres pour toujours....

O vous que nous ne reverrons plus dans ces rangs, pensez-vous qu'au moment où expire l'autorité qui nous avait été donnée sur vous, votre départ nous dépouille de la chère préoccupation dont vos goûts, vos tendances et vos ressources contre les incertitudes de l'avenir ont été l'aliment perpétuel? Non, l'adieu n'est pas définitif : vous ne sauriez désormais nous devenir étrangères, et, soit au sein de la famille, soit au milieu d'un monde qui vous est jusqu'ici demeuré inconnu, notre pensée vous suivra dans vos plaisirs, comme dans l'accomplissement de vos devoirs nouveaux. Puisse, en retour, un tendre souvenir de nos conseils, s'unissant aux leçons de votre mère, lui prouver qu'en faisant germer dans vos cœurs les qualités propres à assurer son bonheur et le vôtre, il ne nous a pas suffi de les voir se développer sous nos yeux, mais que nous nous sommes appliquées à les placer sous une sauve-garde qui les maintienne et les défende en tout temps, en tout lieu, contre les ennemis du dehors aussi bien que contre les suggestions intimes de votre fragilité.

Il existe un sentiment préservateur que l'on ne saurait appeler lui-même une vertu, mais qui est le parfum de toute vertu, dont ne peuvent se défendre ceux mêmes qui l'ont voulu nier pour se livrer sans réserve à leurs passions; un sentiment qui ne trompe jamais, car il a son principe en Dieu. De cette hauteur sublime, nous ramenant par des degrés infinis jusqu'aux plus humbles ouvrages de la création, il fait incliner tous les fronts devant ce qui est bon, pur, innocent: c'est le *respect*.... Révélation suprême de la dignité personnelle de tous les hommes, mais que le Christianisme a placée au-dessus des considérations humaines, en nous dévoilant dans chacun de nous une âme immortelle, lavée et rachetée par le sang d'un Dieu.

Bien loin de s'entourer d'un appareil redoutable qui effarouche l'affection et détourne la confiance, le respect s'annonce à vous sous les traits les plus aimés, dans un regard de votre père, dans un sourire de votre mère, et devient le plus sûr garant de votre tendresse pour eux.

C'est lui qui vous fait aimer la sagesse en vous la personnifiant dans les guides chers à votre jeunesse. Par lui vous apprenez à rendre à chacun les égards qui lui sont dûs. Respect de soi, respect des autres : voilà le bouclier trempé aux sources vives qui vous défendra de tout mal et fera tomber à vos pieds les traits empoisonnés. Ayez confiance en cette armure invulnérable ; ne vous laissez pas décourager par des suppositions désolantes. En vain, comparant avec l'aridité de nos jours ces temps d'ardeur et de foi, où le respect jetait un éclat chevaleresque sur les vertus de nos pères, les esprits attristés vous diront-ils qu'il est désormais presque effacé de nos mœurs. Ne calomnions pas à ce point notre siècle. Si, à côté d'utiles réformes, nous avons vu se faire jour d'imprudentes théories dont il semble que ce noble sentiment ait ressenti les atteintes, elles ne l'ont point arraché d'un sol où il tient par de trop fortes racines. Il y vit, il y fleurira toujours. Si on le croit quelques fois étouffé par les tourmentes publiques, il renaît dans le calme de la vie intérieure ; dédaigné parmi les forts, il est pieusement recueilli au milieu des faibles. Sous son impulsion, le vainqueur se découvre devant le vaincu, le jeune homme devant le vieillard. On l'accorde à l'enfance et au malheur. Il est où l'on pleure et où l'on prie ; il est.... où se trouve une femme !

Ce n'est pas la moindre part laissée à notre sexe que cet ascendant moral, car, si timides que nous soyons, il fait taire le plus hardi sous le blâme d'un seul regard. L'aspect de la vertu le commande, la douce candeur le réclame. Qui oserait dire n'avoir jamais senti une larme respectueuse mouiller ses yeux, à la vue du voile virginal qui, moins encore que son innocence, enveloppe et protège la jeune adolescente. Oui, ces impressions ont gardé leur pénétrante fraîcheur, oui, les cœurs sont encore ouverts aux nobles aspirations. Niera-t-on même un immense progrès : la flétrissure de notre mépris a aujourd'hui autant de force pour contenir le téméraire que, aux premiers âges de notre histoire, en avait la peine de mort par laquelle la loi punissait une insulte à notre égard ?

De tout temps on a compris que là, pour un grand peuple, est la source de vitalité : honneur de la famille, amour du beau, autorité des lois, sainteté des autels, tout est dans le respect. La femme en est le dépositaire : à elle de le ressentir, à elle de l'inspirer. Que jamais en sa présence elle ne souffre une raillerie sur les objets de sa vénération : le culte qu'elle professe, le père qu'elle révère, l'époux qu'elle honore, doivent être inattaquables devant elle. Que ses enfants ne voient dans tous ses actes que les preuves d'une tendre déférence aux paroles, aux désirs de celui qui les nourrit de son travail et les couvre de sa protection, ce sera leur inspirer en même temps une gratitude profonde pour tout ce qui leur révèle les bienfaits de la Providence. Alors un mot de sa bouche deviendra la règle de leur conduite, et son nom sera sacré pour tous ; quiconque pénétrera dans le sanctuaire de son intimité y trouvera le charme de la confiance et le bonheur d'aimer en estimant.

Partout où le chef de la famille est écouté, la mère révérée, le frère plein de prévenance pour la sœur, on peut dire : ici règne la vertu.

Les formes changent, le fond ne peut pas varier. Le mode d'éducation a subi bien des transformations ; à la contrainte des mouvements, à l'humilité de l'attitude, aux formules cérémonieuses du langage, on a substitué un abandon plus familier, une liberté d'entretien qui développe l'intelligence et favorise les épanchements du cœur. Qui de nous aurait le courage de s'en plaindre? Jadis le respect ne marchait guère qu'en dominateur, s'imposant quand même de par la loi et le titre de père ou de maître. Aujourd'hui, doux attrait des cœurs, il s'attache à ce qui est bon, et nous oblige à le conquérir par le dévouement et l'exemple du bien : le devoir remplaçant le droit, est-ce là reculer ?

Heureux enfants ! Débarrassés des entraves de l'antique étiquette, vous pouvez sans crainte vous livrer aux démonstrations de votre amour. Vos gentilles paroles, vos caresses folâtres sont la joie de vos parents qui se mêlent eux-mêmes à vos jeux. Que cette condescendance de leur part ne vous fasse pas sortir des limites d'une aimable réserve. Le Dieu que vous ne pouvez voir, mais que vous aimez, que vous adorez, ce sont eux qui en tiennent la place auprès de vous; c'est par son ordre qu'ils vous commandent. Ils souffrent plus que vous quand le devoir les force à contraindre vos goûts; ils donneraient leur vie pour assurer le bonheur de la vôtre : et vous permettriez au murmure d'entr'ouvrir vos lèvres, au mécontentement d'assombrir votre physionomie devant un ordre, un conseil, — que dis-je? — une prière de leur part!

Ah! plutôt, courez au devant de tout ce qui peut leur plaire, vous ne ferez jamais assez. Point de lamentations, point d'instances pénibles, lorsqu'un refus dont vous ne comprenez pas les motifs met obstacle à vos désirs.

Respectez-les aussi dans ceux qu'ils ont choisis pour les représenter auprès de vous, ceux qui, s'étant voués à votre éducation en quelque manière que ce soit, coopèrent à votre perfectionnement. Respectez la discipline qui vous régit, l'ordre établi dans vos travaux, l'équité qui préside à la répression de vos fautes, et toutes les mesures dictées par une sage prévoyance de vos intérêts. Respectez parmi vous celle que la nature, l'infortune, une disgrâce quelconque a frappée. Ayez les unes pour les autres une douce aménité, de sorte qu'en remerciant vos aînées qui vous donnent un bon conseil, vous soyez remplies d'égards et de sollicitude pour ces chères petites dont les premiers pas s'engagent dans la carrière et qui s'attendent à y marcher sur vos traces.

Si donc, mes amies, vous payez la dette du respect à l'enfant plus jeune encore que vous-mêmes, de quel hommage pieux n'entourerez-vous pas l'homme de bien que l'expérience et les années ont marqué d'un caractère auguste? Vous l'avez vu dans le Saint-Livre : *Honorez les vieillards*. Ils ont tant de droits à votre reconnaissance ! Ces cheveux blancs, ce front sillonné de rides, cette taille qui se courbe vous disent tout ce qu'ils ont souffert pour vous. L'un a versé son sang pour défendre le vôtre; l'autre a arrosé de ses sueurs le champ qui vous nourrit. Celui-ci a veillé péniblement pour élaborer les lois, garants de votre sécurité, et celui-là, pour mettre la masse de ses connaissances à la portée de votre intelligence; tous ceux qui vous précèdent ont travaillé en votre faveur. Quand vous voyez votre digne aïeul silencieux auprès du foyer, c'est qu'il repasse en sa mémoire tant de jours d'angoisse, employés à vous préparer cette position aisée dont vous profitez en vous jouant. Et quand, assise sur ses genoux ou à ses pieds, vous lui demandez les récits de sa jeunesse, ne surprenez-vous pas quelquefois au bord de sa paupière une larme que vous essuyez bien vite par un baiser? Et pourtant, enfant, arrivé au port, il aime à vous raconter les orages de la traversée. Écoutez, écoutez sa voix qui vous instruit de l'avenir en vous parlant du passé. Suspendez vos jeux pour l'entendre, car un jour vous ne l'entendrez plus que par le souvenir. Et puis, quand il aura fini, agenouillé sous sa main vénérable, demandez-lui ce qu'il peut vous donner au nom du ciel : la bénédiction qui, non moins qu'aux jours des patriarches, appelle les grâces d'en haut sur vos têtes innocentes.

Sous cette influence tutélaire, vous vous développerez, vous remplirez votre tâche avec bonheur, et sans prétendre accomplir de grandes choses, sans croire faire autre chose qu'aimer, vous préparerez des cœurs forts et généreux; sans élever la voix dans les questions qui règlent le sort des États, vous contribuerez à leur grandeur, à leur stabilité, justifiant chacune, par vos vertus modestes, cette impérissable maxime : *Si l'homme fait les lois, la femme fait les mœurs.*

21 Aout 1854

XVIII

Aimer sa tâche

C'est le moyen de la trouver facile

Mes chères amies,

Voici venir les vacances. A l'assiduité des classes vont succéder les joyeuses promenades et les folles parties; pour vous vont commencer ces voyages tant aimés qui retrempent le cœur dans les affections de la famille, et qui font parents et amis s'apprêter de tous côtés pour fêter votre bienvenue.

Courez dans leurs bras, heureux enfants que le plaisir appelle. Allez à vos récréations, vous les avez bien méritées. Mais, dites? serait-il vrai que là seulement pour vous fût le plaisir; qu'il vous fallût toujours rire et *jouer*, selon le mot consacré de votre âge, pour vous sentir heureuses? Serait-il vrai que, hors du bruit et du mouvement, rien ne vous eût présenté d'attraits, et que les heures silencieuses de l'étude eussent toujours compté tristement pour vous? Et pourtant, si j'interroge mes souvenirs, j'ai vu plus d'une fois le sourire se faire sur vos lèvres, j'ai vu vos yeux briller d'une joie vive lorsque, après de laborieux efforts ou quelque victoire remportée sur vous-mêmes, vous vous écriiez d'une voix émue : « Oh ! que maman sera contente ! » Gaiement, le lendemain, vous repreniez la suite de ce travail ; et vous l'aimiez alors, car vous lui deviez un de ces bonheurs que le cœur seul connaît, et il vous semblait n'avoir plus rien d'abstrait. Quelquefois même, selon votre naïve expression, vous alliez jusqu'à le trouver amusant !

Eh bien ! mes enfants, si vous y pensiez sérieusement, là serait pour vous le secret d'un véritable charme, la clef de bien des difficultés ; vous vous épargneriez bien des larmes. *Aimer sa tâche, c'est le moyen de la trouver facile*, et de voir tous les obstacles s'aplanir sous vos pas. Rien ne nous coûte quand il s'agit d'atteindre un but que nous souhaitons avec ardeur. Vous-mêmes, chères petites, combien de fois n'avez-vous pas déployé en une heure, pour l'organisation d'un jeu nouveau, plus de ressources d'imagination, plus de tension d'esprit, que nous ne vous en demandons dans le cercle entier de vos occupations journalières. Quelles diversités de moyens vous appelez à votre aide ! Que d'essais mille fois tentés sans jamais vous décourager !

Ah ! mes amies, que d'épines arrachées du sentier de l'étude pour quiconque y apporte ces dispositions favorables ! « Eh quoi ! diront les plus jeunes d'entre vous, aimer de fastidieuses leçons que j'ai tant de peine à comprendre ! Aimer des devoirs toujours remplis de fautes, malgré ma bonne volonté ! Aimer le silence et l'immobilité, quand, par je ne sais quel fantastique mirage, précisément à l'heure du calme et de la réflexion, de riants tableaux de verdure, d'espace, de liberté, traversent votre imagination, et vous font rêver de si beaux projets qu'on est tourmentée du désir de les communiquer à ses compagnes, lesquelles seraient si heureuses de les entendre ! Aimer toute cette contrainte, s'y astreindre, n'est-ce pas déjà bien assez ? »

Chères enfants, c'est quelque chose ; oui, c'est l'obéissance, mais une obéissance chagrine, inféconde, qu'il vous coûte à vous d'accorder et à nous d'exiger. Dans un fruit savoureux, ce n'est pas l'écorce amère que vous appréciez ; ce n'est pas non plus la gêne, l'ennui, l'avidité des formules que nous vous disons d'aimer. Exige-t-on du prisonnier qu'il bénisse sa chaîne et ses entraves ? Mais aussi, mes amies, au lieu de vous comparer à de pauvres oiseaux captifs, dont les journées s'usent à vouloir briser de cruels barreaux, dont le plaintif langage semble redemander sans cesse l'air et la voûte immense pour lesquels ils étaient créés, que ne considérez-vous ce que vous êtes réellement, et combien vous différez de ces faibles créatures. Ils ont raison, eux, d'accuser un sort injuste, car le but de leur existence est détourné. C'est là-bas que la nature les convie et que leurs frères les appellent, là-bas est leur doux nid ! Vous, c'est ici que votre place est marquée ; ici que sont vos compagnes, jeunes comme vous, comme vous soumises à la volonté de Dieu et de leurs parents, se préparant à une vie utile et respectable par la pratique des vertus de leur âge.

Que l'être inférieur obéisse à son instinct primitif ; mais vous, douées de plus nobles facultés, il faut songer à les cultiver. Ce n'est pas pour les laisser dépérir dans le vide et l'inaction que vous avez reçu la mémoire, l'intelligence, et surtout ce cœur aimant, ouvert seulement encore aux joies de la reconnaissance. De ce dernier naîtront un jour les inspirations du plus tendre dévouement, et ces sacrifices intimes dont se compose la vie d'une femme, à toute heure et dans l'ombre, à quelque titre et dans quelque condition qu'elle se les impose.

Or, se dévouer, mes enfants, c'est s'effacer soi-même pour ne voir que ceux qu'on aime ; c'est faire abnégation de ses goûts, de ses plaisirs, de ses besoins pour leur bien-être ; c'est oublier qu'on est faible pour se souvenir qu'on est fille, épouse, mère. Mère ! Il est prononcé, ce mot qui renferme tous les dévouements, dévouements surhumains accomplis avec tant de simplicité que l'être qui en est l'objet ne les soupçonne même pas. Oui, mes enfants, votre mère vous enseigne par son exemple, mieux que nous par nos préceptes, combien l'amour de nos devoirs nous les rend faciles. S'est-elle plainte tant qu'elle a pu suffire aux soins que réclamait votre faiblesse ? Si elle a gémi, c'est le jour où la nécessité l'a forcée de confier à d'autres mains une partie du fardeau de fatigues et de tourments que, jalouse, elle voulait réserver pour elle seule. Quand, par une de ces épreuves que sa prévoyance ne peut conjurer, la maladie atteint vos organes délicats, la voyez-vous accourir à votre chevet, vous couvrir de caresses, trouver de douces paroles pour endormir vos douleurs ? Vous parle-t-elle du poids de ses journées, de la longueur de ses nuits sans sommeil ? Au comble de l'inquiétude, vous la voyez sourire encore pour vous cacher ses alarmes. Pourtant, à son insu, sa constitution s'ébranle, ses traits s'altèrent. On lui demande où elle souffre ; ce n'est pas dans sa personne, c'est dans la vôtre, c'est votre mal qui la dévore. Pour elle, fatigues, insomnies ne sont rien. Que vos forces renaissent, que les couleurs de la santé recommencent à briller sur vos joues, sa pâleur disparaît, et le bonheur lui rend une vie nouvelle.

Que ferez-vous donc en échange pour votre mère, mes amies ? Que demande-t-elle pour vous ? — Ah ! encore et toujours ce qui doit vous rendre la vie plus douce, c'est-à-dire l'espoir que vous posséderez en vous-même des biens indépendants des vicissitudes de la fortune. Malgré les illusions de sa tendresse, elle est forcée de s'avouer que l'avenir ne saurait être, pour vous seule, composé de jours sans nuages. En vous voyant dès aujourd'hui placer vos espérances et votre force dans celui qui peut tout, qui console de tout, d'avance elle sera sûre que la résignation aux peines d'ici-bas vous les rendra plus légères. Elle ne craindra pas pour vous ces aspirations continuelles vers des plaisirs qui nous échappent, ni ce mécontentement de votre position qui alanguit l'âme, énerve le physique, et émousse toutes nos facultés au point que, bien loin de pouvoir lutter contre l'adversité, nous ne savons pas même profiter des avantages qui nous sont offerts.

Ainsi, après avoir consumé les belles années de notre jeunesse à souhaiter les bienfaits d'une éducation soignée, sans nous sentir le courage de les acquérir, nous voyons arriver l'âge mûr sans préservatif contre l'ennemi, sans talent pour peupler notre solitude, sans amis véritables pour combler le vide de notre existence ; car les amis aussi s'en vont, quand on n'a jamais su faire un sacrifice pour se les conserver.

Dans notre enfance on nous jugeait sur ce que nous

promettions ; on nous estime aujourd'hui pour ce que nous donnons : l'examen sévère de nos contemporains a remplacé la paternelle bienveillance de ceux qui jadis aidaient nos premiers pas dans la carrière. Comme ils étaient beaux ces jours de faciles succès où le moindre effort nous était compté comme un progrès, où l'on nous savait gré d'une bonne intention que d'ailleurs on nous avait suggérée. Alors nous trouvions des encouragements dans tous les regards, toutes les bouches nous souriaient, toutes les mains se tendaient vers nous. Doux privilège de la jeunesse, vous êtes le partage d'une génération nouvelle qui grandit sous nos yeux, pour laquelle nous éprouvons à notre tour les mêmes sollicitudes. A nous de lui rendre ce que nous avons reçu ; à elle, c'est-à-dire à vous, chères enfants, de vous laisser conduire dans la voie que nous avons parcourue avant vous.

Ne perdez donc pas en vaines chimères le temps destiné à vous enrichir des trésors intellectuels, car, au sortir de nos mains, vos parents vous attendent pour vous en demander l'application dans la vie réelle et positive. Obligées de vous associer aux détails et à la surveillance de l'intérieur, peut-être même aux opérations d'un négoce dont dépend l'aisance de la famille entière, y porterez-vous un esprit dégoûté, des mains inhabiles et toujours fatiguées? Épargnez à votre mère les soins les plus pénibles, prévenez sur ce point sa craintive tendresse. Avec la pensée de lui plaire, vous ne trouverez rien de si doux que les devoirs qu'elle vous prescrit. Son désir sera votre loi ; jamais vous ne croirez avoir fait assez pour lui prouver votre affection.

Ah ! trop heureuse êtes-vous, en effet, de vous initier sous ses auspices à vos nouvelles obligations. Combien d'autres, hélas! mères de famille avant le temps, n'ont puisé que dans leur cœur une précoce expérience et les moyens de faire oublier à de plus jeunes sœurs l'immense malheur qui les a frappées. Tandis que l'on s'imagine à vous épargner, par d'innocentes récréations, la monotonie des occupations sédentaires, telle jeune fille de votre âge ne connaît de distractions que celles qui plaisent à son aïeul octogénaire. Tous ses jours s'écoulent dans les soins réguliers qu'elle lui prodigue. Quand l'air attiédi par un soleil longtemps désiré vous invite à bondir sur les coteaux, elle sort au bras de son grand'père, soutenant d'une main faible ce corps affaissé, mesurant son pas léger à la lenteur de ses pas inégaux. Quelle uniformité dans son existence! Que sont pour elle les réunions brillantes et les riches toilettes? Où sont les joies de sa jeunesse? Où sont-elles!.... Ah! contemplez cet œil rayonnant qu'illumine un regard du vieillard, cette physionomie sereine embellie par le plus aimable sourire : son père vient de l'embrasser, de la nommer son Antigone, l'amour de sa vieillesse, la gloire de ses cheveux blancs, et, radieuse, elle demande au ciel de pouvoir mériter longtemps encore un titre si cher. Est-il un délice comparable à la pensée d'avoir en soi tous les éléments du bonheur d'un autre? Mes chères amies, Dieu qui ne vous a pas imposé à toutes de si austères devoirs, a voulu que toutes vous eussiez une part de ce bien suprême qu'il a rendu partie intégrante de l'existence et de la destinée des femmes.

Tout ce que vous apprenez, tout ce que l'on vous fait faire a le but, soit éloigné, soit immédiat, de préparer des jours heureux à ceux qui se partageront les affections de votre cœur. Sans porter vos regards au delà de l'horizon présent, qu'il vous suffise aujourd'hui de voir vos parents pleurer de joie en présence du succès dont vous couronnez leurs sacrifices pour vous encourager à marcher avec amour vers ce but précieux.

Et nous, mes chères amies, s'il nous est permis, après vos familles, de venir glaner dans ces champs de félicité dont vous ouvrez les sillons, nous y trouverons l'attrait touchant qu'inspire l'enfance, le charme piquant d'être le flambeau d'une jeune intelligence que l'on voit s'éclairer peu à peu des reflets de la nôtre et se développer sous nos yeux, puis prendre son essor dans le domaine des connaissances ; nous y trouverons le privilège plus cher encore de former son cœur à la vertu, le privilège de devenir l'amie de celle dont on a été le guide, et enfin celui de pouvoir se dire en la voyant prendre sa place parmi les femmes dont la société attend sa force et sa consolation : « Et moi aussi j'ai donc fait un peu de bien !.... »

21 Aout 1855

XIX

La Vérité

Mes amies,

Puisque une succession de bien des années déjà a établi entre nous l'usage de consacrer nos adieux par un dernier conseil, écoutez quelques mots où je voudrais mettre tout mon cœur. Peut-être l'émotion qui nous domine les unes et les autres contribuera-t-elle à les rendre plus persuasifs et plus pénétrants.

Quand je me suis demandé sur quel sujet j'appellerais particulièrement votre attention, une idée, à votre insu inspirée par vous-mêmes, a dominé toutes les autres : je me suis rappelée avec quelle joie délicieuse nous vous avions vues en maintes circonstances, animées de l'esprit de droiture, sacrifier un petit intérêt, une satisfaction d'amour-propre, ou une récompense promise, aux lois impérieuses de l'équité. Naguère encore, groupées autour de nous, dans un de ces moments où l'esprit tendu par l'étude cherche le repos dans la diversion, trahissant à l'envi vos secrètes préoccupations, chacune de vous parlait de l'heure actuelle; craintes, projets, souvenirs, espérances se croisaient en un joyeux pêle-mêle, et j'écoutais sans l'interrompre votre innocent babil. Je recueillais à part moi tant de mots d'un sens déjà profond, jaillissant à travers les rires et mêlés aux saillies les plus naïves, comme aux branches de l'arbre en fleurs se trouvent quelquefois suspendus les fruits d'une précoce maturité. Que de sentiments généreux se laissaient lire alors dans votre âme! L'une applaudissait d'avance aux mérites de sa compagne et se réjouissait du moins d'obtenir la seconde place auprès d'elle; une autre, résignée à un rôle plus humble encore, se consolait par la certitude d'avoir fait quelques progrès, tandis que sa voisine, gardant une délicate réserve, se taisait sur des succès prévus. Toutes vous disiez : « Ces succès n'ont de prix que lorsqu'ils sont mérités; car si la vanité peut trouver son compte dans un chimérique triomphe, la conscience ne s'y trompe jamais. »

Puissiez-vous, mes amies, demeurer toujours fermes dans ces sages pensées, vous sentir aussi fortes après la défaite que pendant les incertitudes de la lutte, et, dans les bras de vos parents, convenir de votre infériorité avec la même franchise! Que l'amour de la justice et de la vérité règne toujours en souverain dans vos cœurs; que son flambeau divin ne cesse jamais d'éclairer vos pas! Seul il peut vous guider sans péril à travers les écueils de la vie, et, en dépit du voile que vous voudriez jeter sur vos faiblesses, vous découvrir malgré vous-mêmes les défauts qui sont le plus grand obstacle à votre repos. Trop souvent, hélas! cette lumière sublime affecte douloureusement notre débile vue. Honteux de nos torts, sans avoir le courage de les réparer, nous souhaitons et nous redoutons à la fois d'être éclairés. Tel un voyageur pusillanime qu'épouvante l'aspect des rochers menaçants éteint son fanal et continue sa route à travers les ténèbres. Mais bientôt son imagination troublée lui présente de nouveaux dangers : ces crêtes déchirées, ces masses gigantesques semblent grandir dans l'ombre, et, revêtues de formes fantastiques, se détacher de leurs bases pour marcher sur ses traces; il veut les fuir, et il se perd dans les précipices...

Ainsi, quand nous fermons les yeux à la vérité, s'attachent à notre poursuite les soucis, l'inquiétude, l'injurieuse méfiance et tous ces génies du mal qui nous agitent jusque dans notre sommeil. Nous ne connaissons plus nos amis; nous craignons de nous trouver seul avec nous-même. Nous sommes perdus, si nous ne nous rattachons à l'arbre du salut, à celui qui a dit : « *Je suis la vérité et la vie !* » Car il est pour nous tous, enfants d'un Dieu martyr de la vérité, une planche libératrice toujours jetée au fond des plus sombres abîmes. Une voix tendre et miséricordieuse nous crie : « Abjure tes erreurs, reviens à moi, découvre-moi tes plaies et je te guérirai ! » Et quand nous lui répondons avec effusion, quand nous épanchons notre cœur endolori, toutes nos souffrances cessent.

Enfants, n'avez-vous jamais senti le malaise insupportable que répand dans tout notre être le poids d'une faute ignorée ? Après les aveux, quel soulagement ! Ne dirait-on pas que la poitrine aspire un air plus pur, que tous les membres dégagés de pénibles entraves agissent avec plus d'élasticité et de souplesse ? Le corps semble avoir des ailes. Quel repos de n'entendre plus en soi-même ce cri incessant : « Tu as mal fait ! Les éloges que tu reçois ne te sont pas dûs; les caresses de tes parents, tu ne les as pas méritées. Ta prière ne saurait être agréable à Dieu ; Dieu voit le fond des cœurs : il lit dans le tien le coupable secret qu'il recèle. » Va, mon enfant, va trouver ta mère; décharge-toi dans son sein du fardeau qui t'oppresse ; le récit de ta faute l'affligera sans doute, mais ta franchise la consolera. Songe que le pardon du Seigneur ne te sera donné que comme sanction du sien.

Jeunes filles, on ne saurait trop vous le répéter : il n'y a pas de pire danger pour vous que de cacher quelque chose à votre mère; votre cœur doit être comme un livre toujours ouvert devant ses yeux. Ne vous permettez aucune démarche qui n'ait son approbation. « Maman n'en saura rien », est la plus pernicieuse maxime qui puisse sortir de votre bouche. Formez sous ses auspices de douces liaisons avec les compagnes de votre âge, et goûtez ainsi des distractions permises ; mais n'ayez jamais à l'insu de votre mère de mystérieuses confidences, et que celle-ci reste toujours votre première ou plutôt votre seule amie. Croyez-le bien, nul cœur n'est disposé comme le sien à l'indulgence ; nul n'est plus intéressé à couvrir vos imperfections du manteau de la discrétion. Aimez à l'entendre vous parler souvent des austères devoirs qui vous attendent ; en même temps, son exemple vous apprendra comment on les rend faciles par la tendresse et le dévoûment. Quand on vous dira que, dépourvues de puissance et de force, les femmes sont obligées de reconquérir leurs droits par l'artifice, voyez-la, noble et digne dans sa simplicité, ne devoir les siens qu'à la plus affectueuse estime, partager sans contestation une autorité qu'elle sait rendre aimable, et gouverner les cœurs par la confiance.

La ruse et la subtilité sont la ressource des âmes faibles; l'esprit élevé les dédaigne et les méprise : il embrasse avec amour la cause de la vérité toujours belle, grande, immuable comme son auteur. En la vérité il trouve la force et le repos; elle est la règle de sa conduite et le lien de ses affections. Sa voix, parfois sévère, n'a plus que les accents d'une douce persuasion pour quiconque s'est habitué à l'entendre dès ses jeunes années. Dans cet âge privilégié qu'est le vôtre, mes amies, la vérité a de si chers interprètes pour se communiquer à vos cœurs, comment ne l'aimeriez-vous pas? Nous tous qui vous entourons, ne vous parlons le langage qu'elle nous inspire que pour vous rendre meilleures et, par conséquent, plus heureuses, plus dignes aussi de votre père céleste, des mains duquel vous sortez à peine. Vos fronts portent encore l'empreinte de votre divine origine; on y lit toute la candeur de l'innocence. Ah! conservez sans tache votre angélique pureté! Vous ferez la joie de vos parents et la nôtre; vous serez pour nous l'objet d'un légitime orgueil.

Mes chères enfants, sachez-le bien; vous êtes dans cette maison les héritières d'intimes traditions d'honneur et de bonne foi que vous ont transmises les élèves qui vous ont précédées. Dépositaires fidèles, ne les laissez pas s'altérer en passant par vos mains, quand depuis tant d'années elles se sont conservées intactes.

En reportant ma pensée dans de lointains souvenirs, vers des jours trop rapides qu'on apprécie mieux alors qu'ils ne sont plus, j'y retrouve les noms des compagnes aimées dont beaucoup ont eu depuis leurs filles dans vos rangs, vous les précieux anneaux d'une chaîne que le temps vient consolider. Interrogez vos mères et vos sœurs aînées : toutes vous diront que la sincérité, la droiture du cœur fut la base et le mobile de leur éducation. Tour à tour assises sur ces bancs, elles les ont quittés pour porter dans le monde les fruits des modestes vertus qu'une voix chère à toutes celles qui ont eu le bonheur de l'entendre, s'appliquait à graver dans nos cœurs.

Si, grâce à ces touchantes leçons, j'ai pu paraître digne de continuer une œuvre si sagement commencée, ô mes bonnes petites filles, de votre côté, faites voir que vous n'avez pas dégénéré. Qu'on s'en aperçoive à votre prudente retenue, fille de la réflexion, qui, sans nuire aux grâces de la jeunesse, tempère une vivacité trop ardente, et dans l'adolescente naïve fait déjà pressentir la femme estimable et dévouée. Exemptes de flatterie et de dissimulation, sachez pourtant trouver de douces paroles pour ceux qui auront besoin d'encouragements ; qu'un refus, ou même un blâme, s'il le faut, passant par votre bouche, perde son amertume dans une consolante inflexion. C'est ainsi que, franches sans rudesse, prévenantes sans affectation, vous répandrez autour de vous le charme d'une bienveillance naturelle qu'on appelle la politesse du cœur et que donne sans étude le désir d'obliger, non celui d'être trouvée aimable. A de tels signes, mes amies, espérons qu'on vous reconnaîtra toujours pour les enfants de cette famille aujourd'hui nombreuse, nourrie du même lait intellectuel, et unie de liens qui, comme ceux du sang, ont leur indissolubilité, car ils sont formés par le souvenir commun des premières qualités acquises et par l'échange des premières affections.

16 Aout 1856
& 1875

XX

La Réputation

Mes amies

C'est d'un regard toujours attendri et charmé que, à la fin de chaque année, nous vous voyons encore une fois former vos rangs sous nos auspices et nous présenter, réunis en un touchant tableau, l'espoir et l'amour de tant de familles qui ont placé en nous leur confiance. Toutes celles-ci s'attendent à vous recevoir de nos mains, nourries de principes solides, parées de qualités aimables, dignes enfin de devenir la joie de leurs vieux jours... la gloire, allais-je dire ! Eh pourquoi non ? Ce mot porte-t-il toujours avec lui l'idée d'un vain bruit, plus enivrant pour la tête que pour le cœur ? Ne peut-il signifier aussi ce rayonnement d'estime, de respect, d'amour, qui émane de toute vie utile et dévouée, qui couronne la tête blanchie du vieillard dont les services sont plus nombreux que les années, et qui encore nous présente, sous un jour si radieux et si doux, la mère de famille chrétienne entourée de filles sages et de fils remplis grâce à elle des plus nobles aspirations ?

N'ambitionnez que cette gloire ici-bas, mes enfants : elle vaut les sacrifices que vous ferez pour l'obtenir. Moins trompeuse que l'autre, elle ne promet rien qu'elle ne puisse donner, et va jusque dans l'ombre chercher celui qui accomplit son devoir, sans songer à la récompense. Si cachés que nous soyons dans une sphère d'abnégation, nous ne pouvons nous dérober à ce point que le silence même, semblable au parfum qui trahit une fleur obscure, ne décèle la vertu modeste et ne lui soit compté dans l'estime d'autrui. Or, ce parfum pénétrant, que tout vrai mérite exhale à son insu, est ce qu'on nomme la réputation. Tous et toutes, toutes surtout, même les plus jeunes, nous avons la nôtre à garder.

C'est le bien le plus précieux d'une femme, et la parure qui lui sied à tout âge ; nul autre avantage ne saurait y être substitué, ni l'éclat de la beauté, ni les dons de la fortune, ni ceux de l'esprit et du talent.

De tout temps et du nôtre plus particulièrement, on a vu les femmes prendre part aux couronnes que la renommée décerne à ses élus ; mais jamais on n'a cru qu'il leur fût permis de secouer le joug des convenances auxquelles notre sexe est assujetti. Une jeune fille, poussée par une irrésistible vocation, se sent animée par ce feu qui remue les montagnes ; rien ne lui coûte pour arriver à son but ; toutes promesses de l'avenir sont là pour elle. En obéissant à la voix qui l'entraîne, en devenant poète, artiste, ou en cueillant même les palmes de la science, du moins qu'elle se souvienne qu'une femme doit rester toujours femme, et qu'elle ne peut négliger le soin de sa réputation sans perdre tous ses droits au bonheur. Hélas ! plus elle sera en vue, plus les regards seront investigateurs, plus elle se trouvera exposée aux attaques de la malice et de l'envie. Puissent leurs traits s'émousser devant son irréprochabilité ! Sous sa frêle enveloppe, si Dieu a caché les étincelles du génie, qu'une double auréole ceigne alors son front, et que la plus brillante soit encore ce reflet d'une âme pure qui se sent digne du respect de tous.

Nul ne peut préjuger ce que recèlent les jours futurs. De ce groupe nombreux que vous nous présentez aujourd'hui, aucune peut-être ne sortira d'un cercle ordinaire. Si nos vœux se réalisent, vous suivrez paisiblement le chemin tracé devant vous par de tendres parents, soucieux du bonheur de leur enfant; mais si vous n'avez pas de renom à conquérir, vous n'en devez pas moins songer, mes amies, que les jeunes filles ne sauraient trop tôt travailler à s'acquérir une réputation parfaite. Dans votre inexpérience, vous ne savez pas même ce qui pourrait y porter atteinte : voilà pourquoi sans cesse on vous répète d'écouter les personnes qui ont la science de la vie. Elles vous diront combien la légèreté et les paroles inconsidérées ont compromis de pauvres femmes qui jamais n'ont été coupables. Combien de celles-ci, attirées par les dehors d'une feinte amitié, se sont engagées dans d'imprudentes démarches, et ont senti rejaillir sur elles-mêmes un blâme mérité par des torts qu'elles ne partageaient pas; tant est vrai le vieux proverbe qui apprécie chacun selon la valeur de celui qu'il fréquente. En vain, pour s'étourdir, essaiera-t-on de se retrancher dans son for intérieur en se disant : « Ma conscience me suffit ;

peu m'importe l'opinion du monde.... » Ah ! ne nous mentons pas à nous-mêmes !... L'opinion ne se brave pas si aisément. C'est une souveraine absolue, devant laquelle s'inclinent les plus grands, qui fait justice de toute renommée illicitement acquise, en même temps qu'elle réhabilite dans l'esprit des masses ceux-là mêmes qu'une loi trop impuissante ne saurait arracher à l'infamie d'une sentence prématurée.

Et quand souffle impétueusement le vent qui fait courber la tête des cèdres, nous aurions, faibles roseaux, la présomption de résister à ses atteintes ! Non, non ; la femme, esclave des principes sauve-gardiens de la famille, l'est avant tout de l'opinion publique. A celle en qui repose l'honneur du foyer il ne suffit pas de faire le bien, il faut que le soupçon du mal ne puisse l'effleurer. Sa réputation ne lui appartient pas à elle seule : jeune fille, elle en doit compte à ses parents ; épouse, elle est tenue de faire respecter le nom dont un homme de bien l'a honorée, et, celui-ci succombe-t-il sous le poids d'une faute, de le relever par la dignité de sa propre conduite. Mère, la sainteté de ses mœurs est son droit le plus sacré à l'amour de ses enfants et leur premier titre à la considération.

Ainsi se fonde la force de sa maison où tout respire un esprit d'ordre et de paix, où chacune de ses paroles est empreinte de cette douce autorité que donne la loi de Dieu à qui s'en fait la servante fidèle. On lui obéit parce qu'on sait qu'elle unit l'exemple au précepte. Calme et simple, elle passe... et devant elle les fronts se découvrent. Rien d'équivoque dans ce qui l'entoure ; point de liaison hasardée pour l'appât des plaisirs factices. Saintes affections qui remplissez son cœur, vous êtes tout pour elle; à vous, elle a consacré toutes les facultés de son être; pour vous, sans balancer, elle donnerait sa vie!

A ce portrait dont mes longues relations dans la carrière que je parcours m'ont fourni les modèles, qui d'entre vous, mes amies, n'a reconnu une mère chérie sous la protection de laquelle vous grandissez, heureuse enfant déjà participante de l'estime qui s'attache au nom que vous portez. Ah! vous pouvez marcher sans crainte, car son bras vous soutient; sa prudence et sa tendresse couvrent vos fautes d'un voile discret.

Mais la pauvre fille à qui Dieu n'a pas laissé le même bonheur, plaignez-la et soyez indulgentes pour sa faiblesse. Ne vous faites jamais l'écho d'un propos méchant; encore moins, ne risquez pas sur un frivole jeu d'esprit la réputation d'une autre; la vôtre d'ailleurs ne pourrait qu'en souffrir. S'il est des torts réels que la charité même ne saurait excuser, plutôt que d'en parler avec un malin plaisir, ayez-les devant les yeux pour éviter d'y tomber et pour remercier le ciel d'en avoir été jusqu'ici préservées.

La vie que vous menez, mes enfants, vous initie de bonne heure aux ménagements que l'on se doit garder dans toute relation sociale. Entre vous, ayez de ces procédés qui naissent du cœur et n'empruntent rien aux formules de convention dont plus tard la politesse du monde vous fera une loi. Tout à l'heure, une attestation manifeste de vos progrès vous sera donnée. Croyez-vous que le nombre de vos couronnes serait d'un grand poids dans notre souvenir et celui de vos compagnes si, au nom de l'élève studieuse, on ne joignait tout bas celui de la bonne et douce enfant dont la supériorité n'a jamais offensé personne. Croyez-moi, s'il est beau d'admirer, il est bien plus doux d'aimer et d'être aimée.

A mesure que passent les années, je vous vois successivement quitter les bancs d'élèves, et reporter dans vos familles le fruit des leçons que vous étiez venues chercher parmi nous. En disant adieu à cet asile, mes enfants, ne pensez pas tout emporter avec vous; l'affection que vous inspirez y vit toujours, votre nom y reste inscrit dans les cœurs. Vos jeunes amies se le redisent en rappelant des faits chers à leur souvenir, et nous, nous applaudissons à ces jugements d'enfants qui presque jamais ne se trompent. De la retraite où se continue notre tâche, nous suivons de loin vos pas; nous accueillons toute voix qui revient nous parler de vous, et constatons avec bonheur, dans la femme dévouée, la réalisation des espérances que nous avions fondées sur la jeune fille charitable et modeste.

20 AOUT 1857

XXI

AU SORTIR DE LA PENSION

CHÈRES ENFANTS,

Quand, par une matinée des premiers beaux jours, l'ami de la nature visite ses jardins, il sourit aux progrès de ses fleurs chéries, et se plait surtout à contempler celles dont la corolle entr'ouverte lui promet un prochain tribut de parfums et de vives couleurs. Ainsi voyant les aînées d'entre vous devancer leurs compagnes et leur offrir le modèle des vertus de leur âge, nous aussi sommes remplies d'espoir à la pensée que, bientôt rendues à vos familles, vous y porterez les fruits de la tendresse et du dévouement.

A cette heure, la dernière peut-être que plusieurs d'entre vous passeront sous le toit du pensionnat, permettez-nous d'arrêter votre pensée sur la nouvelle phase qui va s'ouvrir dans votre existence, et qui, aussi rapide que la riante saison dont elle est l'image, sépare de bien peu d'années l'élève encore enfant, assise sur nos bancs, de la jeune femme prenant définitivement dans la famille et la société la place qui lui est assignée par la Providence. Plus elles passent rapidement, plus donc il importe que vous en mettiez à profit tous les instants. Employez-les de telle sorte que, malgré leur cours éphémère, elles laissent dans votre âme une empreinte profonde dont vous aimiez toujours à ressaisir les traits.

Songez-y bien : c'est pour vos parents le seul temps de véritable jouissance ; le seul où vous puissiez librement, exclusivement, dans toute la plénitude de votre cœur et de votre raison, vous consacrer à eux sans partage. Combien de fois votre mère ne l'a-t-elle pas appelé de ses vœux ! Combien de fois vous-même ne vous êtes-vous pas représenté le moment où vous reviendriez vous asseoir au foyer paternel, comme le premier anneau d'une chaîne non interrompue de jours fortunés !

Mais vous, curieuses comme on l'est à votre âge de tout ce qu'on ignore, n'avez-vous pas rêvé, outre le bonheur de l'intimité, celui d'être conviée aux fêtes d'un monde qui promet beaucoup plus qu'il ne donne ? Disant à leurs livres un adieu trop précoce, quelques-unes, éblouies des prestiges de leur propre imagination, se sont écriées peut-être : « Plus d'étude ! plus d'entrave ! plaisir et liberté ! Mon éducation est enfin terminée. » D'autres plus sages se sont-elles dit : « Plus de règle commune, il est vrai ; plus de leçons péniblement préparées, mais des devoirs toujours, du travail toujours, des joies infinies sous le regard de ma mère, au milieu de tout ce que j'aime. Heureuse enfin, mais à la condition de le mériter.... Non, mon éducation n'est pas terminée : c'est maintenant au contraire qu'elle devient plus sérieuse que jamais, et que je dois la compléter par l'exercice des vertus pratiques dont je n'ai connu encore que la théorie; c'est maintenant que je dois entrer dans les détails de l'intérieur de la maison et m'initier aux secrets de cette prévoyance constante, de cette infatigable sollicitude dont j'ai ressenti jusqu'ici les bienfaits, sans me demander par quels sacrifices ils m'étaient procurés. Si mon esprit s'est orné de quelques connaissances, si, grâce à la bonté de mes parents, j'ai pu acquérir quelques talents, faut-il, ingrate, que je les ensevelisse dans l'oubli ? Et quelle plus douce récréation pour moi que de cultiver les uns pour leur être agréable, de développer les autres par d'attachantes lectures qui les intéresseront et leur feront trouver charmantes et rapides les veillées d'hiver auprès du feu ! »

Ah ! chères enfants, si telles sont vos résolutions, nous ne saurions vous engager par trop de motifs à y rester fidèles ! Considérez quels changements se sont opérés dans le sanctuaire de vos affections, depuis le jour où, vous en éloignant, vous avez connu le premier chagrin sérieux. Alors tout y était force, énergie, joyeuse confiance en l'avenir; autour de vous tout verdoyait, tout prospérait. La jeunesse aux ailes dorées effeuillait sur votre berceau les roses de sa couronne, et votre œil s'illuminait aux reflets de son prisme enchanteur. Lien chéri des cœurs, objet de mille caresses, vous vous endormiez dans l'harmonie des plus doux refrains pour vous éveiller au milieu des sourires....

Aujourd'hui tout s'est modifié, hors l'affection qui vous entourait. Ces années qui ont amené le développement de vos facultés physiques et morales, pèsent sur la tête de votre père; ses cheveux ont blanchi sous l'influence des travaux de chaque jour, et des combinaisons nécessaires pour vous assurer un sort digne de sa tendresse. La santé de votre mère s'est affaiblie dans les veilles et les inquiétudes dont vous étiez le but. Tous deux ont besoin que la gaîté de leur enfant rafraîchisse leur âme épuisée, que sa reconnaissance les dédommage de tant de peines ! Et le vénérable aïeul, auquel, dans votre égoïsme enfantin, vous ne connaissiez d'autre mission que d'être le guide de vos promenades champêtres et votre intercesseur dans les cas plus graves où le pardon maternel avait besoin de se laisser solliciter, lui aussi s'est affaissé dans sa verte vieillesse que vous croyiez éternelle. Il ne vous suivra plus sur les sentiers du coteau ; retenu par la douleur et les infirmités, le voilà condamné à une longue réclusion. A vous, maintenant, d'être la compagne de ses heures solitaires, la voix qui lui rapportera les échos du printemps, le rayon qui réjouit ses derniers jours.

Sans doute, mes amies, la pensée d'être investie de soins si touchants, loin d'effrayer votre courage, vous remplit d'un noble enthousiasme. Déjà vous vous voyez préparant le repos de votre mère, prendre sur vous les soins les plus fatigants : « Elle sera la tête et je serai le pied, pensez-vous ; sur un signe de sa main je volerai où son désir m'enverra ; à son réveil l'ardeur régnera déjà dans la maison, et son regard s'arrêtera avec complaisance sur son enfant. »

Que ne suffit-il, chères amies, des élans de votre cœur naïf et bon, pour vous mettre à la hauteur de votre tâche ! Mais, savez-vous que, quand on veut la remplir dignement, il y faut une égalité, une simplicité qui ne laisse soupçonner aucun effort. Pour être aimable, mes enfants, la vertu doit avoir des dehors faciles et paraître s'ignorer elle-même : on fait peu de cas d'un mérite toujours essoufflé qui se pose en immolation perpétuelle. Or, cette aisance parfaite ne s'acquiert que dans l'habitude de l'abnégation. Où l'auriez-vous puisée, chères petites au-devant desquelles de prévenantes mains se sont toujours tendues? Vous avez le courage, mais les forces vous manquent. Le courage, vous le trouvez dans votre amour; la force, elle vous viendra d'en haut.

Pour que tout travail humain fructifie, il a besoin de la rosée céleste: demandez-la donc avec ferveur, mes chères enfants, anges dont la prière est agréable à Dieu. Demandez-lui qu'aucune amertume n'entre jamais pour vous dans la demeure de vos parents; que votre cœur soit un miroir fidèle où se reflète dans sa pure limpidité la morale évangélique dont vous accomplirez les préceptes, sous les auspices de votre mère. Soit que, rappelant le tableau tracé au livre saint, et renfermée dans le secret de la maison, vous glorifiiez la mission de la femme par les plus humbles travaux, soit que, glissant dans l'ombre mystérieuse, vous apportiez au pauvre la parole qui console et le pain qui nourrit, ou bien soit encore, qu'obéissant aux exigences de la société vous apparaissiez, parée de candeur et de modestie, dans les cercles qu'elle réunit, vous défierez tous les périls toujours forte et respectée sous l'égide maternelle. Portez en tous lieux des grâces sans apprêts; accordez à chacun la bienveillance que vous souhaitez pour vous-même, et nul sentiment jaloux n'attaquera vos faibles avantages. Vous vous établirez une réputation sans tache, le premier trésor d'une jeune fille, le seul qui, perdu ou altéré, ne se retrouve pas!

C'est en ne séparant point vos intérêts de ceux de votre mère que vous arriverez à ce résultat, mes chères enfants. Ne cherchez pas d'autre conseillère. Écoutez avec confiance ses avis, repassez-les dans le silence de vos nuits;

gardez-les si bien en vous qu'ils soient à jamais la règle de votre conduite, que même dans cet avenir (puisse-t-il être infiniment reculé !) où vous ne l'entendrez plus que dans votre for intérieur, sa voix parle à votre âme comme une seconde conscience si impressionnable, si délicate, que vous craigniez d'affliger jusqu'à son souvenir !

Tels sont, mes amies, pour celles d'entre vous qui dans un terme rapproché devront nous quitter, les simples conseils que nous pouvons vous adresser. Emportez en même temps ce témoignage que votre conduite, durant toute l'année, nous garantit vos dispositions pour la suite. Dociles à nos leçons, unies et indulgentes entre vous, vous, nos filles aînées, comme nous aimons à vous appeler, vous avez donné plein contentement à notre affection, et vous avez aussi donné à vos jeunes sœurs de bons exemples sur les traces desquels il nous sera doux de les voir marcher.

Et vous, chères petites, qui pour longtemps encore resterez confiées à nos soins, prenez aussi votre part de nos recommandations, vous devez payer à vos parents un large tribut de reconnaissance en répondant à leurs vœux par des efforts dont vos succès de ce jour donneront la preuve. Et si quelques autres moins heureuses ne peuvent manifester leurs sentiments que par de bonnes résolutions, puissent du moins ces résolutions être sincères et durables, et les vacances qui vont s'ouvrir leur faciliter le moyen de racheter par l'amélioration de leur caractère l'insuffisance de leur travail. Puissent-elles nous prouver à tous que, dans le domaine filial, il n'est point de terrain stérile, et que, si aujourd'hui le fruit manque à la plante pleine de sève, elle se ranime et porte déjà la fleur de l'espérance pour la moisson prochaine.

23 Aout 1858

XXII

L'Empire sur soi-même

Mes amies,

Revenues, plus tôt que vous et nous ne l'aurions cru, à cette heure toute de fête en apparence, si anxieuse pourtant, nous allons essayer d'en tirer une dernière et salutaire leçon par les différentes rémunérations qu'elle apportera à chacune, selon vos efforts de l'année et le plus ou moins d'obstacles que vous auront suscités votre légèreté naturelle ou les difficultés de votre intelligence.

Car, chers enfants, nous en convenons avec vous, pour quelques-unes seulement le travail semble n'avoir aucune épine. C'est, dirait-on, en se jouant que leur mémoire saisit l'ordre des dates, l'enchaînement des faits; que leur raisonnement se plie à tant de combinaisons diverses et de principes abstraits qui n'offrent aux autres qu'une fastidieuse monotonie, un langage obscur plongeant dès les premiers mots leur esprit dans une sorte de torpeur dont elles ont peine à secouer l'engourdissement. Combien de fois, alors, n'avons-nous pas été obligées d'aiguillonner celles-ci,-de les réveiller en quelque sorte, ou de rappeler au terre-à-terre de nos classiques leçons leur voyageuse imagination, cette étourdie toujours prête à s'envoler si loin et si haut sur les ailes de la fantaisie. Combien de fois, effrayées de la mobilité d'idées particulières à votre organisation de jeune fille, et tout en faisant la part des faiblesses de l'âge, n'avons-nous pas tenté d'y apporter remède en vous enseignant l'art de vous gouverner vous-mêmes et d'être votre propre mentor; quels efforts n'avons-nous pas fait pour vous persuader qu'il n'y a pas de maître assez puissant ni de précepte assez sévère pour régir celui qui ne sait pas se commander à lui-même.

Ah! c'est qu'en effet, mes enfants, tout est là! Progrès dans les arts, dans les sciences, dans la vertu, perfectionnement moral et physique même de la Société, tout dépend, pour le bonheur général et individuel, de l'empire que chacun exerce sur ses penchants et sur sa propre volonté. Oui, le corps aussi se ressent d'une âme noble et généreuse, qui, s'opposant aux habitudes nuisibles, conserve l'élégance des formes, rend au maintien sa dignité première, et, par le frein salutaire de la tempérance, entretient dans tous les organes la force de vitalité.

Les penseurs de tous les âges nous l'ont dit, quelques-uns nous l'ont prouvé : l'homme véritablement libre est celui qui a dompté ses passions, tandis qu'il n'est que faible et misérable, le maître d'un million d'hommes s'il n'a pu devenir son propre maître. Combien de chutes, honteuses aux yeux de la postérité, ont subies ces vainqueurs renommés que le gain d'une bataille ou l'enivrement d'une longue postérité portaient aux actes les plus absurdes, sinon les plus féroces et les plus dégradants pour la raison humaine.

Mais par quelles considérations plus élevées, par quel ordre sublime d'idées, doit aspirer à cette domination intérieure le sage de nos jours, le chrétien qui, dans le but d'une éternelle union, marchant sur les traces d'un Dieu, son modèle, apprend de lui à purifier tous ses désirs et à consacrer toutes ses souffrances, le chrétien, dis-je, qui cherche ici-bas son bonheur dans celui de ses frères et fait de son abaissement au milieu d'eux son premier titre à une gloire inaltérable ! Nul fait éclatant ne signale son passage sur la terre ; nulle école ne revendique l'honneur de l'avoir compté dans les rangs de ses disciples ; la morale de la charité lui suffit, morale douce et pénétrante, qui, en parlant aux cœurs, se met à la portée de toutes les intelligences.

O prodige de la divine philosophie ! Jadis, dans ces athénées fameux, sanctuaires des richesses intellectuelles où les principes de morale de toutes les sectes se développaient sous toutes les formes alors connues, n'entraient que les initiés à la science, ou les hommes ambitieux de se faire un nom et de gouverner leurs compatriotes par la supériorité de l'esprit et des lumières ; les faibles en étaient exclus. Et voilà que, à la voix de celui qui a dit : « Venez à moi, vous qui êtes petits », ce qu'il y a de plus modeste dans l'humanité, une humble enfant, une petite fille est appelée, sous les auspices d'hommes éminents par le mérite et la vertu, non seulement à connaître, mais à développer les maximes d'une doctrine devant laquelle pâlissent celles de l'antiquité, une doctrine qui se fait aimer en prêchant la grandeur dans l'humilité, la force dans la résignation, et la volupté dans le sacrifice !

Grâce à cette ère nouvelle ouverte pour la femme, elle sait désormais qu'elle possède une âme, une âme reine et souveraine de ce corps périssable. Instruite par la persuasion, non plus par les supplices d'une éducation cruelle, elle aura du courage pour souffrir en silence, elle en aura pour immoler ses goûts, pour triompher de sa fragilité, pour accomplir les plus austères devoirs de sa condition, sans espérer d'autre récompense que l'approbation de sa conscience éclairée du flambeau de l'immuable vérité.

Si le titre de héros parfait ne s'achète qu'au prix de mille victoires remportées sur tout obstacle qui s'interpose entre nous et la vertu, que d'héroïsme alors dans cette blonde et frêle créature que la nature semblait avoir formée pour les joies de ce monde, ou tout au moins pour les langueurs d'un paisible repos. Orpheline avant le temps, elle ne subsiste que du modique salaire gagné par le travail de ses mains; courbée dès l'aurore et jusque bien avant dans la nuit sur une tâche toujours inachevée, résistant aux suggestions de l'exemple et aux conseils dangereux, refoulant au fond de son âme comme des vœux téméraires ces projets d'avenir si permis à tant d'autres, elle use sa jeunesse dans la fatigue et l'abandon. Elle aussi pourtant, elle aimerait ces gazes légères, ces rubans, ces parures charmantes dont s'embellissent ses compagnes, et les fleurs surtout, ses sœurs dans la création. Elle aussi sent son cœur s'agiter au bruit des joyeux orchestres. L'écho séducteur en apporte les sons à son oreille et la fait soupirer! Des groupes passent sous sa fenêtre en chantant les louanges du plaisir; son regard les suit. L'ouvrage est tombé de ses mains; son teint ordinairement si pâle s'est animé des rougeurs de la tentation..... Elle se lève!... Heureusement une vision lui apparaît soudain : sa mère!... Alors, encore fébrile, elle baise un médaillon encadrant un portrait chéri. Son visage a retrouvé sa douce sérénité; ses doigts reprennent leur travail accoutumé, et sa veille, longtemps prolongée, sera suivie d'un sommeil visité par les anges.

Va, pieuse fille, continue ta route; peut-être les hommes te rendront-ils justice; peut-être passeront-ils sans te voir. Le Père céleste te verra toujours..... Puisse ton exemple apprendre à nos enfants à quelle source on puise la force de résister à de dangereux entraînements : Dieu et votre mère, chères amies, ne les oubliez pas! L'une qui vous parle au nom de l'autre; tous deux qui vous veulent à jamais heureuses! Vous vous tromperiez si vous croyiez le devenir par le laisser-aller à toutes vos satisfactions personnelles; cette faiblesse ne mène qu'à la satiété et tôt ou tard nous attire le blâme général. Soyez sévères pour vous-mêmes, si vous souhaitez rencontrer l'indulgence chez les autres : telle se pardonne tout, qui ne veut rien pardonner à personne. Bonne à ses heures, elle passe sans motif des condescendances d'un cœur aimant aux brusqueries d'une humeur inégale; son front se charge, sa voix devient impérative et brève. Vous pressentez un orage et, pour le conjurer, vous acquiescez à ses moindres désirs. Elle vous impose, elle vous domine. Trompée par les apparences, vous vous dites : « Quelle fermeté de caractère! » et tout bas peut-être : « Qu'on est heureux de faire faire sa volonté aux autres! »

Peut-on être heureux, mes enfants, quand on a conscience de jeter l'affliction au cœur de ceux qu'on devrait entourer de soins et d'égards? Est-on fort quand on se sent le jouet perpétuel de combats sans issue, de remords secrets, de résolutions toujours sincères, mais toujours remises au lendemain? N'attendez pas demain pour attaquer l'ennemi. Demain, il aura grandi encore, il aura acquis de nouveaux droits sur votre âme; demain, peut-être, il vous aura entraînée à quelque faute irréparable dont le souvenir voilera d'un sombre nuage tout le reste de votre vie. Si vous ne le voyez pas, empruntez le secours de plus clairvoyants; demandez-leur de sonder avec vous les profondeurs où il se cache, d'appeler par son nom et sans ménagement le mal qui vous dévore. Luttez avec persévérance et vous triompherez. S'il est difficile de soumettre un naturel irascible, ne l'est-il pas plus encore de surmonter l'indolence et la mollesse qui se complaisent dans leur ignorance et qui, couchées à l'entrée de la carrière, ne veulent pas même se lever pour en mesurer l'espace. A quel stimulant recourir? Comment les engager à tourner contre elles-mêmes une énergie qui leur manque ou qui dort?

Ici revient au guide la plus grande somme d'efforts : à lui de penser pour deux, d'avoir du zèle et de l'amour-propre pour deux; à lui de répéter sans se lasser que ces études, qui en effet ne semblent point indispensables pour l'avenir, donneront de la consistance à la pensée, formeront le jugement, occuperont l'esprit et laisseront moins de places aux futilités qui sont la grande plaie de nos jours. Le cœur aussi y gagnera en s'éprenant pour de beaux modèles. Et comment se montrer dans tous les actes de sa vie fille reconnaissante, épouse dévouée, mère infatigable, si, dès les chaudes années de la jeunesse, on ne sait donner autre chose qu'une inerte affection ? « Il faut se contenter de la posséder, dira-t-on ; je ne puis m'assujettir à la prouver par mes soins, par mon exactitude, par une affabilité qui n'est pas dans mon caractère ; cela est plus fort que moi. »

Plus fort que vous ! Ah ! chères enfants, ai-je une grâce à implorer de vous ? Ne prononcez jamais ce mot que l'on répète trop légèrement sans songer à ce qu'il recèle d'indifférence, j'oserai dire de honteuse lâcheté, ce mot par lequel on s'avoue vaincu avant le combat. Compteriez-vous aussi, selon l'espoir dont on se berce autour de vous, que les années arrivant amèneront infailliblement par elles-mêmes toutes les perfections qui doivent être le partage d'une jeune fille ? Autre illusion, mes amies. L'enfance et l'adolescence ne disparaîtront pas tout d'un coup pour faire place à un autre âge appelé celui de la sagesse et de la raison. Elles s'écoulent vite, il est vrai, mais jour par jour, minute par minute, l'heure qui suit vient ajouter à la précédente des faits analogues au milieu desquels les habitudes s'enracinent. Il ne viendra que trop tôt le jour où la société aura droit de vous demander si vous n'avez contracté que les bonnes. Pour acquérir celles-ci, croyez-en donc les conseils de votre mère, de cette amie sincère qui vous contredit parce qu'elle vous aime. Si elle n'eût acquis de bonne heure l'habitude de ne refuser aucun sacrifice à son devoir, s'imposerait-elle celui de vous faire verser des larmes qui retombent sur son cœur en soulageant le vôtre ?

Mères, sachons donner à nos enfants l'exemple d'une sage fermeté, en nous contraignant à supporter la vue de leurs chagrins plutôt que celle de leurs défauts ;

sachons profiter de toute circonstance qui peut leur fournir un utile enseignement, sans que la crainte d'une déception ou de quelque privation pénible nous fasse sans cesse prévenir les leçons de l'expérience. Laissons-les goûter de ses fruits amers mais nourrissants.

Hélas! serons-nous toujours là pour marcher devant eux dans les sentiers de la vie, pour en arracher les épines, et semer des roses sous leurs pas? Entourons-les de nos soins toujours, de nos caresses quand ils les ont méritées, sans affadir le sentiment par des épithètes adulatrices qui altèrent pour eux la noble propriété du langage, en même temps qu'elles nous posent en esclaves à leurs pieds. Ne supplions point quand il est urgent d'ordonner; aimons-les pour eux-mêmes en un mot : c'est le moyen d'en obtenir cette tendre reconnaissance, ce respect filial qui couronnent d'une si belle auréole les joies de la vieillesse.

Pour vous, mes enfants, si quelques mots vous ont paru sévères, ne les attribuez qu'à l'ardent désir de faire votre bien. Que ce jour d'émotions profondes soit le lien de la réconciliation avec tous vos devoirs quels qu'ils soient. Supportez-en les vicissitudes en filles déjà pénétrées de saines idées de justice et de vérité. Depuis longtemps habituées à distribuer ces couronnes, nous avons toujours vu la modestie sur le front de celles qui les ont obtenues, jamais de sentiment jaloux chez les autres; recevez-les donc encore aujourd'hui avec candeur et simplicité; faites des vœux avec nous pour que les moins heureuses, redoublant d'ardeur, arrivent plus tard aux mêmes succès : il en est parmi elles qui, sans l'emporter sur leurs émules, ont remporté de grands avantages sur elles-mêmes.

Toutes enfin avancez en paix, mais avec courage et persévérance, dans une voie que vous ne trouverez pas toujours aride et rocailleuse; on y rencontre des sources rafraîchissantes, on s'y repose sous de frais ombrages. Étudiez-en les détours afin d'y repasser un jour sans danger, entourées de jeunes voyageurs dont vous serez à votre tour les appuis et les modèles.

23 Aout 1859
& 1876

XXIII

La Pension est l'École de la vie sociale

Mes amies,

Encore réunies autour de nous pour la dernière fois de l'année, toutes palpitantes d'attente et de crainte, vous aspirez vers les prix promis à vos efforts, et chacune de vous se demande sur quel point de vos communes études sont particulièrement fondées ses chances favorables.

En effet, mes amies, en établissant ces concours, notre zèle eut pour but de développer chez vous l'ardeur d'une émulation salutaire. Mais parmi les connaissances qu'il vous fut donné d'acquérir et dont votre conscience vous tient compte en ce moment, il en est une sur laquelle nous voudrions appeler spécialement votre attention, à laquelle, enfants, vous ne pensez pas, j'en suis sûre, car aucune récompense ostensible ne lui est réservée; pourtant elle est la plus essentielle, et j'ose dire que toutes, dans la mesure de votre jeune expérience, vous y avez fait de notables progrès : c'est *la science de la vie !* Celle-là n'est écrite en titre sur aucun de vos livres; vous l'acquérez tous les jours à votre insu; elle se mêle à tout ce qui a pour but de former votre esprit et vos cœurs, comme l'air que nous respirons se mêle aux aliments qui font notre nourriture corporelle.

Si vous êtes en pension, mes amies, c'est surtout pour vous en instruire. *La pension est l'école de la vie sociale.* Dans ce monde en miniature, l'observateur voit déjà les passions s'agiter à l'ombre d'une autorité qui leur pèse, en comprimant leurs écarts; il voit poindre les vanités puériles, la personnalité égoïste, l'ambition, l'intérêt, tous les travers enfin de notre société à nous autres grands enfants! En même temps se font jour les qualités généreuses qui, plus tard, en seront l'ornement et la force. Au milieu des conflits naissants de tant d'intérêts qui se heurtent, dans cet échange continu de services mutuels, de procédés tour à tour affectueux ou blessants, chaque caractère se dessine et prend la physionomie qui lui est propre. Le discernement s'exerce, l'amitié jette ses racines, l'esprit de justice se manifeste.

L'idée du juste, c'est là, comme chacun sait, un tact particulièrement donné aux enfants. Nul préjugé n'a pu en altérer encore le sens primitif; aussi les arrêts qu'ils prononcent entre eux, souvent sévères, sont presque toujours équitables. Ce sentiment est la base de l'opinion qu'ils prennent les uns des autres; et si l'entraînement a sa part dans les liaisons éphémères qui, ici comme dans le monde, se forment au hasard sur la rencontre des goûts et des humeurs, l'estime seule fonde, dès le début de la vie, ces affections durables dont le souvenir luit d'un si doux reflet sur les neiges de la vieillesse. Tendres liens des amitiés d'enfance, qui de nous n'en a connu les charmes? Tous ceux dont la jeunesse s'écoula au milieu des écoles les ont sentis. Ces amitiés ne furent point inspirées par la similitude des fortunes, par le rapprochement forcé des positions. Elles naquirent d'elles-mêmes, au souffle des plus fraîches inspirations du cœur, comme la fleur s'entr'ouvre au matin sous les rayons du soleil levant. Quelque léger sacrifice, une parole consolante ont suffi pour les faire éclore. Filles de la reconnaissance, elles ont grandi et se sont fortifiées sous les auspices de la vérité, pour en être les derniers interprètes, à un âge où sa voix n'a plus pour nous que des accents affaiblis, enveloppés que nous sommes dans le tourbillon des plaisirs ou des affaires. Nous l'entendions alors, cette voix qui nous parlait de nos plus chers intérêts, comme vous-mêmes l'entendez aujourd'hui, mes amies, car la vérité a gardé ses asiles parmi vous. A vous le privilège de l'entendre et de le dire; chaque jour elle vous est annoncée par l'organe de vos maîtres; mais c'est dans vos rangs, surtout qu'elle règne en souveraine.

Là, nul déguisement n'adoucit les formes de la vérité; nulle précaution oratoire ne semble demander grâce en sa faveur. A vous, enfant chérie et, pour dire le mot, enfant gâtée du foyer paternel, la vérité ne vous arrivait naguère que sous l'escorte des plus tendres exhortations. Un mot sévère était presque toujours racheté par une caresse; puis bientôt il perdait son effet au milieu des éloges que parents et amis venaient semer autour de vous, ainsi que l'exige le code des usages et de la politesse. Il vous était facile alors, pauvre petite, d'estimer bien haut votre naissant mérite, sans point de comparaison pour le réduire à sa juste valeur.

A votre arrivée ici, tout changea de face : les faits prirent brutalement la place des illusions ; votre infériorité vous fut démontrée dès les premières épreuves ; ce qui vous valait autrefois des récompenses vous sembla mesquin au prix de ce que produisaient vos compagnes, et vous reconnûtes que si la trop facile indulgence veut bien payer l'intention du travail avant le travail même, la juste rémunération appartient en réalité à quiconque a fidèlement rempli sa tâche.

Aux jeux, mêmes déceptions d'une part, mêmes conclusions morales de l'autre. Elle a sonné l'heure aimée des écolières ! Libre et folâtre vous vous élancez dans la cour avec vos jeunes amies. Quel divertissement va-t-on prendre ? En vain, croyant retrouver la condescendance des jours passés, prétendriez-vous imposer votre choix, vingt voix s'écrient qu'il n'est point accepté ; c'est la majorité qui décide. On s'arrange, on se compte ; en un clin d'œil les parties sont organisées, et vous voilà, cédant au nombre, dans les rangs des plus joyeuses. Pour que le jeu soit animé, pour qu'on s'amuse enfin, il faut y être chacun pour tous. Pas de société possible sans ce principe, et vous avez dû vous plier sous sa loi. Un secret désir vous disait qu'il est doux d'être aimé ; mais autour de vous tout répondait : « On ne peut aimer que ce qui est aimable ; à tout mérite sa récompense, car il est parmi nous des succès divers. La plus spirituelle peut nous éblouir ; la plus instruite obtient les places d'honneur ; la meilleure se fait aimer. Si tu veux gagner nos cœurs, oublie-toi pour les autres; apprends à supporter leurs imperfections en veillant sur les tiennes; sois bonne...... » Le plus court parti fut donc de tâcher de devenir bonne.

Alors, chères petites, souvenez-vous : celles mêmes qui d'abord vous avaient sans ménagement reproché vos torts, ne furent-elles pas les premières à accueillir vos louables tentatives? Ne prirent-elles pas votre défense lorsque l'aigreur voulut outrepasser les droits de la sincérité? Oh! oui, et dès ce moment vous ressentîtes les douceurs d'une protection plus vieille seulement de quelques printemps que votre faiblesse, mais qui vous semblait à vous aussi respectable que chère. Touchant pronostic, en effet, de cette ineffable sollicitude qui déjà s'éveille, et qui, par les attentions délicates prodiguées à sa petite compagne, fait préluder la jeune fille aux soins dévoués de la jeune mère.

Il n'est pas, mes enfants, jusqu'aux rivalités qui vous attendent dans le cours de la vie, dont vous ne puissiez faire dès maintenant l'apprentissage, vous essayant à jouir modestement d'un succès, à supporter une déception sans dépit et sans jalousie. En un mot, l'expérience a peu d'enseignements qui ne se trouvent en germe dans l'existence de la pension. Le malheur lui-même y donne de ses graves leçons. Toutes jeunes que vous êtes, il suffit que vous fassiez partie de la grande agglomération humaine pour avoir eu déjà occasion de souffrir ou de prendre part à la peine d'autrui, comprenant alors de quel prix sont, pour le cœur attristé, les larmes qu'une tendre compassion fait répandre. C'est en regardant autour de soi qu'on apprécie mieux les bienfaits qu'on a reçus du ciel.

O vous que la douleur a jusqu'ici épargnées, avez-vous songé quelquefois à en remercier le bon Dieu? Ne vous est-il jamais arrivé de courir embrasser vos parents avec plus d'effusion, en songeant à celles qui ne connaissent plus ce bonheur. Ah! mes enfants, que ces réflexions vous préservent de jamais affliger sciemment un père et une mère qui ne vivent que pour vous. Puisque la Providence vous a si visiblement protégées, acceptez, pleines de reconnaissance, les épreuves légères qu'elle vous envoie dans un but qui, bien que caché à vos yeux, n'en est pas moins selon ses vues, pour votre intérêt immédiat ou futur. Ainsi, le temps passé loin de vos parents vous a paru souvent un lourd fardeau. Croyez-vous qu'eux-mêmes n'en aient pas ressenti du chagrin? Que de fois, après une journée fatigante et monotone, ils ont souhaité de vous voir et de vous embrasser. Ils se sont privés de ces joies parce qu'ils savaient que le temps de votre absence devait tourner à votre profit.

Employez-le donc utilement, mes amies, il ne durera pas toujours. De même que sur la scène du monde, ici les générations passent et se succèdent, laissant derrière elles la trace du bien qu'elles y ont fait. Vous en pouvez faire beaucoup, vous surtout qui depuis longtemps êtes confiées à nos soins. Vos bons exemples auront une grande influence sur les enfants qui vous suivent; fondez dès actuellement votre réputation.

Ce conseil a plus d'importance que vous ne pouvez croire. Il est, vous le savez, des noms que nous aimons à citer et pour quelques-unes d'entre vous ce sont des noms chéris. Après bien des années pourtant ils demeurent gravés dans notre mémoire pour vous être proposés parmi les modèles auxquels nous souhaitons de vous voir ressembler. Ne dérogez pas, mes enfants ! Quel que soit le degré d'instruction auquel vous deviez arriver suivant vos facilités naturelles ou la durée de vos études, que vos cœurs du moins ne diffèrent pas.

Puissiez-vous toutes, en nous quittant, confondues dans une même affection, emporter dans vos familles les plus riches espérances, et ne nous laisser qu'un cher souvenir !

Aout 1860

XXIV

Le Silence est l'ornement des femmes

Mes chères amies,

Naguère vous assistiez au triomphe de vos frères et vous entendiez proclamer leurs noms au milieu d'une foule attendrie ; aujourd'hui, ceux qu'anime une tendre sollicitude pour la jeunesse daignent se réunir encore pour vous encourager à votre tour de leurs bienveillantes félicitations.

Est-ce donc, mes amies, que vous aussi deviez chercher l'éclat dans le succès, ou que nous-mêmes pensions vous enseigner à en doubler le prix par le retentissement ? Oh ! non, non... à Dieu ne plaise qu'en appelant autour de vous vos parents et vos amis, nous oubliions une vérité proclamée d'âge en âge et toujours présente à notre esprit dans l'important et minutieux travail de votre éducation.

Le silence est l'ornement des femmes, ont dit les anciens, qui, estimant que la femme la plus honnête est celle dont on parle le moins, le regardaient comme le signe infaillible de la vertu. Chez nous, une femme illustre entre les érudits, écrivant cette maxime sous l'égide d'un grand poète, voulait en quelque sorte se faire pardonner sa célébrité. En vous le répétant sous l'inspiration de vos mères, nous lui donnerons à vos yeux une chère sanction, et vous nous pardonnerez de vous enlever un moment à vos paisibles habitudes pour vous distribuer les prix du travail, en présence d'une réunion qui, malgré son caractère tout paternel, fait battre vos cœurs d'une craintive émotion.

Pudeur innée de la femme, tu te manifestes à ces jeunes âmes dans l'embarras de leurs premiers succès; puisses-tu, les accompagnant un jour au milieu de joies plus mondaines, les embellir comme aujourd'hui de ton charme suprême. Puisses-tu leur faire préférer à tout plaisir bruyant, la tranquillité du foyer, ce temple des vertus modestes où repose, sous la main des mères de familles, tout l'avenir d'une société qui se régénère.

Humbles coopératrices d'une œuvre si belle, nous qui, dans les fraîches années de la jeune fille, voyons se refléter la destinée de la femme, nous mettrons tous nos soins à vous rendre dignes d'y participer vous-mêmes avec honneur; nous aimerons à vous pénétrer de cette réserve, timide autant que fière, qui commande le respect, appelle la sympathie, et, modérant les élans d'une vivacité trop ardente, apporte dans vos travaux le calme si nécessaire à la réflexion. Se mêlant même à vos jeux dont elle n'exclut ni les rires joyeux ni les exercices agiles, elle en bannira pourtant l'effervescence qui ne sied point à votre sexe et dépare vos grâces naturelles. Mais, surtout, mes amies, c'est dans la conversation, à travers les charmants badinages qui sont, dit-on, votre privilège, qu'elle vous garantira de toute parole regrettable et de toute plaisanterie blessante.

C'est là qu'est le grand écueil ! Trop souvent le désir de briller, ou seulement celui d'obtenir l'approbation d'un sourire, nous fait trahir un secret, dépôt sacré qui jamais ne nous appartient, ou nous fait sacrifier à un frivole jeu de mots les plus saintes prescriptions de la charité. Nous devenons cruelles pour ceux-là mêmes auquel nous porterions au besoin tous les secours du dévouement.

Si jamais, mes chères amies, vous trouvant dans un cercle où règne l'esprit caustique et méchant, vous sentiez que le devoir de défendre l'opprimé vous devient impossible, retranchez-vous du moins dans un éloquent silence ; qu'il soit, oui, qu'il soit alors votre plus bel ornement ! L'habitude de se jouer aux dépens des autres se contracte dès les premières années ; trop souvent on applaudit aux premières railleries d'un enfant ; on les déguise du nom heureux de saillies. Insensés que nous sommes ! Si nous le voyions saisir un instrument aigu, nous le lui arracherions avec effroi ; et nous le laissons folâtrer avec l'arme perfide qui tue les réputations et déchire les familles !

S'il est vrai, comme on le croit vulgairement, que le talent de se moquer soit un cachet d'esprit, il est du moins le plus facile de tous les genres d'esprit. Ne tirant rien de son propre fonds, ne cherchant partout que le côté défectueux, au rebours de l'abeille qui vole de fleur en fleur pour recueillir un miel parfumé, la langue du médisant va, comme le vil insecte, ramasser les souillures et flétrir ce qu'elle touche de son impur venin. Fuyez, mes chères amies, ces funestes moyens de distraction, et soyez persuadées qu'un bon cœur peut s'allier aux fines délicatesses d'un esprit aimable et enjoué. D'ailleurs rien ne donne la naturelle et franche gaieté comme le sentiment d'un devoir accompli.

Commencez donc par acquérir le consentement de vous-même qui répand tant d'expression sur la physionomie, qui prête à la voix de si douces inflexions et aux idées plus d'abondance et de lucidité.

Vous étiez en promenade; deux pauvres enfants se sont approchés de vous en pleurant, ils avaient faim et la petite pièce de monnaie destinée à vos menus plaisirs a passé de votre main dans la leur; nul ne l'a vu, excepté peut-être l'œil qui vous suit toujours à votre insu. Légère et le cœur satisfait, vous retournez à vos compagnes qui se demandent, en voyant briller vos yeux d'un plus vif éclat, quel bonheur inconnu s'est arrêté sur vous. Leurs jeux languissaient, les voilà ranimés, tant vous répandez de verve et d'entrain sous l'influence de votre joie secrète. Ah! oui, mes enfants, toujours secrète la pensée du bien que vous aurez pu faire! Si vous remportez quelques avantages dans les luttes de l'intelligence et de l'étude, taisez-vous; mais si vous avez essuyé une larme, soulagé une misère, taisez-vous bien plus; car vous touchez à la partie la plus délicate des devoirs que vous aurez à remplir ici-bas : consoler.

Consoler! c'est-à-dire partager avec les anges la mission d'intermédiaires entre le ciel et la terre, tel est le rôle assigné aux femmes dans la grande association d'intérêts, de besoins, de mutuels secours qui relie entre elles les classes les plus distantes de la société, et s'accroît tous les jours sous les auspices d'une ardente et infatigable charité. Nos cœurs s'émeuvent à la pensée de ces femmes de bien qui, sans attendre que le malheur les implore, s'en vont visiter le pauvre dans son réduit. Partez, douces messagères de l'espérance, l'infortuné va vous bénir, le malade sur son lit de douleur vous appelle; l'âme désolée aspire après les paroles de paix et d'encouragement que vous lui portez avec des prières. Partez, entourez-vous d'ombre et de mystère, de telle sorte que, selon le divin précepte, votre main gauche ignore ce qu'aura donné votre main droite. Faites taire jusqu'à la voix de la reconnaissance, et que Dieu seul entende la pauvre mère vous bénir lorsqu'elle vous voit penchée sur le berceau de son petit orphelin.

Quand vous êtes occupées de si touchantes fonctions, qui donc oserait dire que les femmes sont déshéritées de leur part du progrès dans l'amélioration de la grande famille humaine? Qui oserait revendiquer pour nous une autre condition? Étrangères aux questions politiques, le sommes-nous aux accents d'honneur et de gloire qui entraînent sur une rive lointaine nos jeunes guerriers, ces enfants élevés avec tant d'amour, et avec eux ces chastes épouses du Christ, qui ont perdu jusqu'à leur nom dans l'accomplissement de leur sacrifice. Ennemis ou compatriotes, tous les malheureux sont les frères des religieuses ambulancières qui ont un baume pour chaque blessure et un apaisement pour chaque douleur.

Le grand art de venir en aide à la souffrance, mes enfants, n'est pas le partage exclusif de quelques privilégiées. Toute femme, à quelque condition qu'elle appartienne, est toujours assez riche pour prêter le secours d'une main adroite et agile, pour donner l'aumône d'une larme ou d'un sourire.

Sachez donc toutes comment on double le prix du bienfait par la grâce avec laquelle on le répand, et comment la vertu même est rendue plus aimable par le soin qu'elle prend de se cacher. Quelques dons que le ciel vous ait départis, couvrez-les toujours du voile de la modestie : beauté, talents, fortune, rien n'agrée sans son secours. Livrez-vous à d'utiles études, non dans le but d'être citées ou de l'emporter sur vos émules, mais pour rectifier votre jugement, et pour mériter plus tard, compagnes sérieuses et dévouées, d'être consultées dans les vastes projets, et associées aux grandes entreprises dont dépend le bien-être de la famille.

Cultivant en même temps les arts délicieux qui épurent nos sensations et font s'envoler si rapidement les heures de loisir, vous rendrez votre intimité plus chère, vous verrez s'éclaircir sous votre regard un front obscurci par les soucis et les fatigues d'un laborieux emploi. Enfin, mes chères enfants, tout entières à vos devoirs journaliers, accomplissez-les sans faste, sans ostentation, dans la paix de votre conscience, et, comme la douce Esther dont parle l'Écriture, *goûtez-y le bonheur de vous faire oublier.*

19 Aout 1861
& 1878

XXV

Indulgence

Mes chères petites filles,

Vous êtes heureuses : voici les vacances! Que ce mot résonne agréablement à l'oreille qui l'entend et sur les lèvres qui le prononcent!

Oui, mes enfants, les vacances sont arrivées; jouissez-en bien, car vous les avez, pour la plupart, méritées. En parlant ainsi, je ne cherche pas à vous complimenter; ce n'est guère mon habitude, pensez-vous peut-être, mais, vous le savez, ceux qui nous flattent ne sont pas nos amis.

Je dis donc en toute sincérité : vos examens ont été généralement bons; or, vous savez aussi avec quel soin minutieux nous passons ensemble à la fin de chaque année la revue de toutes vos études. Par là nous voulons les asseoir plus solidement dans votre esprit, et en même temps vous prouver combien il est nécessaire de faire quelquefois de ces exercices rétrospectifs, qui ont l'immense avantage de nous apprendre à nous connaître. D'un côté, ils nous inspirent le désir de progresser toujours; de l'autre, ils nous préservent des insanités de l'orgueil en nous indiquant les points où nous avons pu faillir. Un petit aveu intime de notre faiblesse nous rend plus indulgents pour celle des autres; et d'ailleurs, cet examen ne vous concerne pas seules, mes chères enfants; vos maîtres y ont leur large part; eux aussi peuvent en présence du résultat obtenu, juger de ce qu'il leur reste encore à faire.

Pour moi, sur qui, dans cette carrière si intéressante de l'enseignement, se sont accumulées bien des années, chaque fois qu'un jour semblable à celui-ci est venu mettre sur mon chemin un jalon nouveau, imitant le voyageur qui, dans un temps d'arrêt, cherche à s'assurer qu'il n'a pas dévié, je porte mes regards en arrière.....

Retrouvant aujourd'hui tous mes pas marqués dans un même sillon, je remercie le ciel d'avoir gardé ma vie paisible et laborieuse, à l'abri des écueils contre lesquels nul ne peut dire : « Je n'aurais pas échoué ! » A peine croirais-je à la longueur de la route parcourue, si je ne me souvenais que quand elle commença, moi aussi j'étais jeune fille insouciante et rieuse, doucement initiée à ma tâche par la voie d'une amie, ou plutôt d'une mère qui m'en faisait comprendre toute l'importance sans m'en laisser sentir le poids (*).

O mes chers enfants, vous qui ne connaissez de la vie que le bonheur présent et les espérances de l'avenir, par-

(*) Toute la première partie du discours qu'on vient de lire a été ajoutée en 1878. Le discours de 1861 commençait seulement au paragraphe qui suit, légèrement modifié et plus court. On devinera qu'il y est question de Mademoiselle de Villeinne.

donnez cet élan de mon cœur vers un cher passé, ce besoin, ce devoir même, dirai-je, de reporter à sa cause première le peu de bien que j'ai pu faire parmi vous !

Interrogez celles qui ont connu ce guide éclairé et qui ont été les objets de ses soins : demandez-leur s'il est possible d'oublier jamais ce que sa parole avait de douce autorité ; toutes vous diront combien on aimait à l'entendre, et comme autour d'elle tous les cœurs se pressaient avec confiance ! Héritière de sa mission, si je n'ai pu l'égaler, du moins ai-je pieusement recueilli ses conseils et me suis-je toujours efforcée de vous transmettre des leçons qui avaient si sagement régi votre jeunesse.

Dans les instructions qu'elle nous donnait, une pensée dominante occupait sa sollicitude : entretenir parmi ses élèves l'esprit d'union et de charité. « La pension, nous disait-elle, est le monde en miniature ; pour que tous y soient à l'aise, chacun y doit faire des concessions ; il y faut surtout l'indulgence pour les défauts des autres, si nous voulons qu'on en ait pour les nôtres. » Eh ! qui de nous, en effet, n'en a besoin ? L'indulgence n'est-elle pas un commencement d'application du précepte : *Aimez-vous les uns les autres ?* N'est-elle pas un premier degré vers l'infinie perfection ? A mesure que l'on s'approche du but marqué à l'âme chrétienne, on devient plus miséricordieux. Tombé du haut de la croix sur nos misères, le pardon a toujours quelque affinité avec le Dieu dont il émane : c'est une mère qui le porte en son cœur ; c'est un mourant qui l'accorde dans sa bénédiction dernière ; c'est un prêtre qui en donne le sceau ! Ils ont aimé ; ils ont souffert, ils ont dû beaucoup consoler.

Hélas ! celui qui a vécu sait combien fragile est la nature humaine ! Près de toucher le port, il se demande par quels miracles de grâce il a pu échapper à la tempête, et ne voudrait pas, au prix de tous les dons et de tous les trésors de la jeunesse, avoir à recommencer le combat. Qui donc est plus indulgent qu'un vieillard? Qui est plus sévère qu'un enfant? L'enfant ne connaît qu'un principe, son droit. Sévère avec les compagnons de ses jeux, il ne leur passe rien, et sa justice est la loi du talion. Sévère envers ceux qui lui commandent, il possède un tact extrême pour signaler les faiblesses de ses maîtres et lancer contre eux l'arme du ridicule. Que dis-je, ses maîtres! Les parents eux-mêmes, eux qui jour et nuit veillent sur sa santé et sur ses besoins, qui travaillent pour son avenir, ce père si laborieux, cette mère si tendre, sont-ils à ses yeux toujours exempts de condamnation?

Fasse donc le ciel que jamais un excès de zèle ou une tendresse mal entendue ne nous emporte en dehors du vrai; l'enfant pour qui nous aurions péché, serait notre juge. Quelle leçon! et combien d'entre nous seront cruellement punis pour avoir eu trop d'amour, ou plutôt pour n'avoir pas eu la force d'établir une différence entre la tolérance aveugle et la sage indulgence qui sait à propos fermer les yeux. Victimes d'un déplorable égarement du cœur qui, de nos jours, intervertit les rôles et place trop souvent les parents aux genoux de leurs enfants, ne donnons pas sujet à certains esprits bien intentionnés mais austères de regretter la rigoureuse discipline du temps passé. Il n'est pas une voix de femme, pas un cœur de mère qui ne réclame en faveur du présent. La crainte paralysait les esprits timides; nous voulons les encourager, les relever à leurs yeux; nous voulons courber, et non briser sous l'ascendant de la vérité l'esprit indépendant, et, dans les fautes, obtenir à force de confiance un aveu qu'eût à jamais refoulé la rigueur des châtiments.

Eh bien ! puisque aujourd'hui l'opinion des femmes a son poids en matière d'éducation, montrons-nous dignes des droits qu'on nous reconnaît, et ne compromettons pas notre cause par une mollesse qui, tout en énervant le corps de nos enfants, émousse leurs plus riches facultés et ne fait que des êtres despotes, capricieux et chétifs, de ceux que la société attendait vaillants et bons. Rendons nos fils généreux et nos filles dévouées. Pour qu'ils soient aimés des autres, enseignons-leur à ne pas trop s'aimer eux-mêmes, à rendre compte de leurs penchants funestes pour commencer de bonne heure à les vaincre. C'est dans la sévérité pour soi qu'est la source de la véritable indulgence pour le prochain.

Si nous nous interrogeons bien, nous entendrons la voix de la conscience nous répondre : « Es-tu sans péché, pour jeter la première pierre ? » Nous reconnaîtrons que, sans la vigilante protection qui nous entoura dès notre berceau, peut-être aurions-nous succombé comme tant d'autres qui, à notre place, eussent pu valoir mieux que nous.

Heureuses d'avoir jusqu'ici évité le mal, éloignons-nous de ce qui pourrait nous y entraîner, sans nous retrancher dans une trop orgueilleuse et trop rigide vertu. On se sent peu d'attrait pour le mérite qui jamais ne se déride et déverse le blâme sans admettre aucune excuse.

Mais est-il un tableau plus touchant que celui de l'innocence essuyant de son blanc manteau les larmes du repentir ? Auprès d'elle, une femme est tombée. Inclinant vers la pécheresse son doux visage, elle lui tend la main en pleurant. Ange de paix et de pardon, quel suave parfum s'exhale autour d'elle! Il semble que toucher seulement le bord de son vêtement doive guérir les plaies de l'âme!

O mes filles! qu'il nous est cher de voir éclore en vos cœurs cette tendre bienveillance à laquelle me semblent attachées toutes les grâces de notre sexe! Toutes jeunes que vous êtes, vous avez eu déjà l'occasion de pardonner; dites, après le baiser de réconciliation donné à votre compagne, ne vous semblait-il pas qu'une double sève de force et de vie circulait dans vos veines, et que vos jeux, où vous portiez le contentement et l'harmonie, vous offraient plus de charme? Autour de vous chacun s'en ressentait; la gaieté est si communicative dans une jeune âme ouverte aux généreuses impressions.

Combien de fois, assise au milieu de vous, écoutant vos saillies naïves, je me suis sentie jeune et presque enfant sous l'influence de ce rire si frais, si pur, dont le timbre ne se retrouve plus quand on a franchi le seuil d'un autre âge! Ah! voulez-vous conserver longtemps votre sérénité? Ne blessez jamais personne. Dût-on vous trouver moins d'esprit, que votre plaisanterie soit toujours inoffensive et votre cœur fermé à l'aigreur comme à l'amertume. Cherchez en toute circonstance les interprétations favorables, et sachez que, quelle que soit sa faute, le coupable est toujours malheureux. Plaindre celui qu'on ne peut excuser, c'est encore de l'indulgence; usez donc d'un sentiment si doux, et il vous sera rendu, à vous que tant de leçons prodiguées avec amour n'ont pu rendre parfaites. Vous regarderiez comme un être sans pitié quiconque refuserait d'ouvrir les bras à l'enfant déjà puni par les conséquences de sa faute et promettant humblement de la réparer.

Eh bien ! ne vais-je pas vous étonner si j'ajoute que ce n'est pas toujours celui qui pèche qui a besoin d'indulgence ? Examinez cependant ce qui se passe autour de vous : voyez combien il est difficile de porter la charge d'un succès sans être assailli de mille sévérités ; une ombre, une vapeur légère semble faire tache sur tout ce qui brille ; on ne passe aucune médiocrité à qui est coutumier de bien faire.

Vous donc, mes amies, qui aurez eu la plus large part aux joies de cette journée, songez à vous les faire pardonner par votre modestie. Dans ce monde où plusieurs de vous vont entrer, le sort de toute femme qui possède un avantage marqué est de craindre le bruit qui accompagne la supériorité. Le ciel vous a-t-il accordé quelque don précieux, ne vous en servez point pour attirer sur vous l'attention d'une foule indifférente. N'ambitionnez de suffrages que ceux de la famille, et portez-y le bonheur avant tout par des qualités solides.

Alors, chères enfants, puissiez-vous penser quelquefois que si le cœur qui aida les vôtres à se former dut par moment user de fermeté, il souffrit plus que vous lorsqu'il fallut punir; mais rendez-vous aussi ce témoignage que plus souvent encore il eut à se réjouir d'avoir rencontré près de vous l'affection docile et la confiance où l'on puise l'oubli de toutes les peines.

1862

XXVI

La Sœur ainée

Chères enfants,

Voici une heure grave et sérieuse, n'est-ce pas ? Mais aussi, dans un moment, libres de toute contrainte, vous vous élancerez vers vos parents. A peine pourrez-vous, en courant, vous donner les unes aux autres le baiser d'adieu... Et pourtant, mes amies, un mot avant que l'ardeur du départ ait effacé le recueillement de l'instant présent.

Dites, qui de vous n'emporte quelque agréable souvenir, quelque bonne affection ayant pris naissance dans cette vie commune de la pension à laquelle vous êtes si heureuses d'échapper pour un temps ? N'est-ce pas là que vous vous êtes acquis les premières sympathies, que vous avez commencé à vous occuper des autres, et à faire auprès de vos petites compagnes l'apprentissage de cette prévoyance active dont vous n'aviez eu jusqu'ici qu'à recevoir les bienfaits? Là, enfin, que votre cœur de femme s'est révélé à ce premier indice : on aime d'autant plus qu'on se sacrifie davantage. Infaillible résultat du dévouement qui, dans la pension comme dans la famille, s'annonce d'abord par la tendre et naïve sollicitude de la sœur aînée envers les plus jeunes.

Elle est au milieu d'eux comme une seconde mère, leur prodiguant ses caresses, veillant à leurs besoins, supportant leurs espiègleries, et, par un mélange de simplicité enfantine et de précoce sagesse, tour à tour elle s'unit à leurs jeux ou préside à leurs leçons. Dans un langage approprié à leur faiblesse, elle sait parler à leur intelligence et trouver, pour se faire comprendre, des mots qui déconcertent l'expérience du maître.

Un lien nouveau vient-il resserrer les affections de la famille, doubler les joies ou aussi les inquiétudes et les préoccupations d'avenir, le père et la mère ne sont plus seuls à se partager les soins que réclame le dernier né : la sœur est là... La voyez-vous, légère comme une ombre, s'avancer vers ce berceau, en entr'ouvrir les rideaux, contempler l'enfant endormi, puis, s'inclinant avec précaution, déposer sur ses lèvres un baiser si doux qu'il semble le souffle d'un ange. Ange gardien, en effet, de ce cher petit être dont l'initiation à la vie va se faire sous les auspices du sentiment le plus touchant. Elle ne veut désormais d'autre récréation. Pour elle, le jeu significatif de la poupée n'est plus une fiction ; la métamorphose s'est opérée : son jouet est vivant..., il respire, il sourit..., il aime !... Le voilà qui grandit ; ses petits pieds bientôt s'affermissent sur le sol ; c'est sa sœur qui le guide dans les vertes allées du jardin ; ensemble ils s'ébattent sur la pelouse, et, quand le regard attendri de la mère s'arrête sur ce groupe charmant issu de sa tendresse, des larmes de bonheur viennent humecter sa paupière.

Heureuses sont les familles où la jeune fille peut ainsi, sans danger pour elle-même, préluder aux doux soins de la maternité ! Il n'en est pas de même partout, mes amies. A l'âge où vous attendez encore que l'on pense et agisse pour vous, où le moindre de vos efforts vous semble devoir être suivi d'une récompense, la petite fille de la campagne non seulement soulage sa mère dans les travaux de l'intérieur, mais au péril de son développement physique, elle soutient, de ses bras si faibles eux-mêmes, la frêle créature que l'on craint à chaque instant de voir s'en échapper. Est-elle enfant? Ne l'est-elle plus? Enfant par les goûts de son âge, elle ne peut plus l'être par les obligations qui lui incombent. A quel jeu se livrer sans risquer de compromettre la fragile existence confiée à sa garde ? C'est par de durs labeurs seulement qu'elle aura sujet d'augmenter ses forces. Son intelligence même, prématurément sevrée de la nourriture quotidienne de l'école, va demeurer sans culture et va peu à peu perdre le souvenir des notions qu'à grand'peine elle avait acquises. Si le livre de la nature n'était ouvert à ses yeux pour lui faire épeler partout le nom de Dieu, qui sait si bientôt elle n'oublierait de le prononcer.

Ah ! quand on pense à l'enfance ainsi sacrifiée, comme on se prend à bénir ceux qui dotèrent nos villes d'institutions, merveilles de charité, où de pieuses filles, aussi parées du nom de sœurs, tendent les bras à la mère pauvre et laborieuse pour la décharger de son cher fardeau ! Libre maintenant, et certaine à son retour de voir son enfant lui sourire, la mère peut sans inquiétude et sans remords aller gagner le pain des autres. Sa fille aînée l'y aidera, car est-ce à dire qu'à celle-ci, dégagée d'une tâche dangereuse, il ne reste pas d'autres devoirs à remplir? Elle en aura d'autant plus, au contraire, que la famille grandit et prospère. En quelque lieu que ce soit, dans la médiocrité ou dans l'opulence, la qualité d'aînée oblige à donner l'exemple : ordre, travail, obéissance filiale, les vertus de tous les autres enfants sont soumises à son influence.

Ce n'était donc pas uniquement par un vain motif d'orgueil héréditaire que nos ancêtres attachaient à ce titre tant de prérogatives. Dans ce droit consacré par Dieu même, et qui, dès le temps des Patriarches, avec la bénédiction du père, transmettait au premier né sa fortune et son autorité, ils voyaient la perpétuité des traditions d'honneur et de pure croyance. L'équité des modernes législateurs a détruit l'inégal partage des biens qui, à d'autres époques, pouvait avoir sa raison d'être. Nos mœurs, en se modifiant, ont fait abandonner les formes trop humbles dont l'antique usage entravait les élans du cœur; mais la vérité subsistera toujours, et toujours une tendre déférence entourera celui d'entre les frères qui, associé aux peines et à la responsabilité des parents, peut, en un jour de malheur, être appelé à remplacer le père de famille.

Mais, si c'est à la sœur que s'adresse ce témoignage, il prend un caractère encore plus touchant en se combinant d'une sorte de respect : sous la suavité de son regard, au contact de cette candide nature, les rudes manières des jeunes garçons s'adoucissent, leur esprit acquiert plus de finesse et leur cœur plus d'expansion. A elle il ne faut pas seulement de la gratitude, il faut de la confiance et de l'abandon; aussi est-ce auprès d'elle qu'ils viennent chercher la consolation de leurs chagrins encore si légers. De même, un jour, sera-t-elle la confidente de leurs peines réelles, de leurs déceptions, peut-être aussi de leur repentir. Alors elle leur redira les préceptes qu'une mère chrétienne autrefois grava dans leur âme, et si l'un des deux les avait par malheur oubliés, il en retrouverait le souvenir en entendant sa sœur. Puis, quand tous auront conquis une position sociale, quand, dispersés dans le monde, chacun d'eux sera devenu chef de famille à son tour, ils reviendront souvent se réunir autour d'elle, comme au centre où convergent toutes les affections, d'où émanent les encouragements et les conseils, et c'est ainsi qu'elle continuera jusqu'à la fin de sa carrière la tâche commencée au début de ses années.

Enfants chéries que le choix de vos parents a réunies sous nos ailes, celles de vous que la nature n'a point gratifiées des douceurs de l'amitié fraternelle ont ici les moyens de satisfaire ce besoin de leur cœur. C'est ici que vous trouvez à dépenser autour de jeunes enfants les trésors d'une âme aimante et d'une raison déjà éclairée. Plus d'une fois mes yeux se sont mouillés quand je vous ai vues, souffrant vous-mêmes de l'éloignement du toit paternel, prendre à tâche d'adoucir pour la nouvelle petite pensionnaire les douleurs de la séparation, l'embrasser, essuyer ses larmes, et la persuader que, loin de sa mère, la pensée de travailler à lui faire plaisir est la seule consolation possible.

Ce à quoi nous n'eussions pas réussi, vous l'avez obtenu : les pleurs se sont séchées, le sourire a reparu sur des lèvres qui en sont le siège naturel, et la prenant par la main, vous l'avez introduite à ces jeux où la connaissance est si tôt faite, où les cœurs sont si tôt unis. L'accord n'y subsiste pas toujours cependant. Entre petites filles du même âge, les rivalités surgissent, les prétentions s'élèvent, là déjà aussi bien que plus tard sur une autre scène. Alors les *grandes* servent d'arbitres, et leurs caresses autant que l'autorité de leur jugement ont bientôt ramené la paix. Mais si elles-mêmes dirigent les danses et les rondes folâtres, oh! comme on est heureuses, comme on s'amuse! Un faux pas, un heurt fatal vient-il troubler la fête et changer les rires en larmes, qui donc, chères petites, s'empresse à l'envi, vous relève doucement, rafraîchit votre tête endolorie? Encore elles, qui, sous un regard plus expérimenté, s'exercent envers vous à ces soins délicats, leur futur apanage.

Ensuite sonne l'heure de l'étude : après avoir accompli leur propre tâche, ne sont-elles pas de nouveau près de vous pour s'assurer que vous avez rempli la vôtre, vous en aplanissant les difficultés, vous expliquant les termes abstraits, vous promettant pour un peu de courage ces récompenses que vous aimez tant, et se trouvant, elles, assez payées, lorsque pour prix de votre docilité à les entendre, vous leur rapportez une note favorable.

Aimez donc vos aînées, mes jeunes amies, et pour ce qu'elles ont fait, et pour ce qu'elles feront encore pour vous. De leurs devoirs envers vous découlent les vôtres envers elles; elles vous portent au bien par l'exemple de leur bonne conduite et celui de leur soumission envers vos maîtres communs. Enfants, vous ne le comprenez pas encore, mais c'est là le plus riche don que vous puissiez recevoir d'elles. Ne soyez pas ingrates, et rendez-leur ce qui est dans la mesure de vos forces. Quand, pour donner à nos prescriptions une apparence moins austère, nous vous les transmettons par leur organe, accueillez-les de bon cœur et même avec reconnaissance. Un bon conseil n'a-t-il pas toujours pour but de vous épargner une disgrâce, sinon de vous procurer un avantage immédiat.

Et vous, mes filles bien aimées, aînées de cette douce famille d'adoption, vous qu'avec tant de joie j'ai vues grandir et se développer sous nos mains, vous que la similitude de l'âge et la participation aux mêmes devoirs et à la même sollicitude ont rendues en quelque sorte sœurs jumelles, goûtez en paix les prémices de la sainte amitié. Nous aussi nous avons connu le charme de ces liaisons qui, nées dans la fraîcheur de l'adolescence, portent de doux fruits dans l'âge mûr. La présence de plusieurs de vous dans ces rangs dit assez qu'elles ne sont pas dénouées, et combien j'en puis être fière.

Ainsi, fondé sous de chers auspices, s'est transmis parmi vous, comme un pieux héritage, l'esprit d'union et de fraternité que les femmes sont toutes puissantes à maintenir et à sauvegarder !

1863

XXVII

SIMPLICITÉ

CHÈRES ENFANTS,

Vous souvient-il que, questionnées naguère sur vos goûts, et priées d'indiquer à laquelle de nos fleurs vous donniez la préférence, plus d'une parmi vous désigna la pâquerette à cause de son aimable simplicité. Heureux choix, pensai-je à part moi, fût-il d'inspiration ou de raisonnement. Couronne blanche, cœur d'or, telle en effet doit être la devise de la jeune fille.

Et la petite marguerite semblait vous dire : « Et moi aussi je t'aime ; on dirait que le bon Dieu nous a créées sœurs toutes deux. Étudie-moi : pauvre fleurette, je te donnerai d'utiles conseils. En quelque lieu que le ciel t'ait placée, tu pourras m'interroger, car, peu difficile en mes conditions d'existence, je vis sous tous les climats, je m'accoutume à toutes les températures. Je fleuris sur les monts escarpés comme au fond des vallons où de jeunes mains viennent me cueillir. Avril à son réveil me trouve déjà éclose, et le froid décembre me rencontre encore quand il vient fermer l'année.

« Je m'ouvre et je souris aux premiers rayons du soleil. Avec lui je finis ma journée, et quand il est disparu je ferme mon calice et m'endors sous le même regard qui te veille, enfant, dans ta blanche couchette, tandis que ta mère aussi se repose, confiante en la suprême sollicitude.

« Ma parure est bien simple, mais si fraîche et si pure que la moindre tache me semble un opprobre. A peine élevée au-dessus du sol, je n'essaie pas de me mettre de niveau avec les brillantes reines de vos jardins. Au milieu d'elles pourtant je ne suis point déplacée ; le zéphyr vient me rafraîchir aussi bien qu'elles ; mais dans mon humilité je ne crains aucun souffle rigoureux, et l'ouragan qui disperse les feuilles de la rose, passe sans effleurer ma corolle. »

Ainsi parle la fleur à celles qui veulent bien écouter sa faible voix. Ce qu'elle vous dit se résume en ces mots : Chères enfants, aimez et conservez longtemps la simplicité qui est votre plus charmant apanage. Que dis-je, longtemps ! Aimez-la toujours, car elle sied à tout âge et dans toute condition. Avec elle, désirant peu, peu vous suffira : vous serez plus facilement heureuses. Plus riche qu'on ne croit sous sa modeste apparence, elle offre à ses amis des trésors oubliés ou méconnus par les cœurs blasés. Tous les biens de la nature lui appartiennent ; elle vous invite à les goûter. Air pur des champs, harmonie des bois, encens matinal des plantes, fraîcheur des ruisseaux, autour de vous, à vos pieds, sous vos mains sont semées des jouissances qui entretiennent la tranquillité de l'âme et la vigueur du corps.

A l'heure où, fatigués des plaisirs de la veille, d'autres dorment ou s'agitent sous d'épais rideaux, celui dont la vie laborieuse commence avec l'aurore se sent ravi en extase devant les splendeurs du soleil levant. Il ne saurait exprimer ce qui se passe en son âme; mais son admiration s'élève comme un hymne pieux adressé à l'auteur de toute merveille, qui lui-même a dit par la bouche de son fils, l'ami des humbles : « Les petits seront élevés ! » Consolante parole détachée de ce livre où depuis la description du lys des champs jusqu'au mot qui créa la lumière, partout la grandeur des faits et des pensées s'allie à la simplicité de la forme.

La plus aimable simplicité fut en effet ici-bas tout l'appareil dont s'entoura la divinité. Tout ce qui découle de cette sublime source, génie, vertu, éternelle beauté, porte le même caractère. Être essentiellement religieux, mes amies, c'est être simple. Soyons-le donc dans notre extérieur, dans notre esprit, dans notre cœur. Soyons-le dans notre foi. Trop souvent autour de vous, vous entendez agiter des questions de doute et de controverse; ne vous embarrassez pas de ces subtilités où de plus habiles se sont égarés. Femmes, contentons-nous de croire et d'aimer, et de faire aimer par nos actes la religion qui nous dit d'être agréablement obéissantes et tendrement dévouées. Cherchons toujours le meilleur pour le suivre, faisons le bien sans emphase, et surtout, si, plus heureuses que tant d'autres, nous sommes à même de soulager une misère ou de sécher une larme, oh ! alors, vous le savez, petites filles, « faisons-nous tout petits », selon le mot aimable d'une chanson composée pour votre âge et dont tous peuvent tirer un sage profit.

Qu'il en soit de même, chères amies, dans tous les avantages que vous posséderez; craignez d'affliger les faibles et les déshérités; dans vos petites rivalités d'écolières, ne luttez que de courage et d'ardeur, jamais de prétentions à l'esprit. Toujours bonnes, sachez faire agréer vos succès, c'est le plus doux triomphe.

Comptez-vous au contraire parmi les moins favorisées, si votre conscience est sans reproche, vous accepterez de bonne grâce votre infériorité; mais si une voix secrète vous dit : « tu pouvais mieux faire », loin de l'étouffer, cette voix, promettez-vous de la mieux entendre à l'avenir. La jalousie d'un côté, la suffisance de l'autre, sont toutes deux filles de l'orgueil; seule la simplicité de cœur sait l'emporter sans arrogance et être vaincue sans bassesse.

Ces conseils, appropriés à la circonstance actuelle, je vous les donne, mes amies, en dehors de toute arrière-pensée d'application personnelle. Serais-je moi-même abusée par une présomptueuse illusion en me disant : ces jeunes cœurs que depuis plusieurs années tu tiens sous tes mains, comprennent les préceptes de la justice et sont étrangers aux petitesses de la vanité.

Il est un autre point, mes enfants, sur lequel je voudrais appeler votre attention, car, bien qu'à votre âge on ne soit pas maîtresse de se gouverner à son gré, voici que bientôt plusieurs d'entre vous vont aborder le moment où la jeune fille commence à jouir de son libre arbitre à certains égards et sous la réserve du contrôle maternel; et alors ne s'élève-t-il pas de temps à autre de légers conflits entre la sagesse de la mère et les désirs de la fille?

Enfants d'un siècle où chaque jour l'amour du luxe monte et s'étend comme une mer sans rivage, puissiez-vous être convaincues de bonne heure que le mérite et la distinction réelle ne s'affichent point par la recherche de l'extérieur. Sans doute il faut être de son âge et de son temps; on peut savoir jouir du bien que Dieu nous donne, mais toujours avec mesure et bon goût. La femme vraiment distinguée sait toujours accorder ses vœux avec sa position. Chez elle chaque chose est à sa place; aucune dépense inutile n'oblige à compenser par la gêne intérieure le faste du dehors. Un heureux ensemble règne dans sa parure, les couleurs y sont harmonieusement fondues, la fraîcheur en est le premier mérite. Dans quel rang le sort l'a-t-il fait naître? Il n'importe. A sa démarche aisée et modeste, à je ne sais quel air de grâce et de grandeur native, soit qu'elle porte le diadème des reines ou le bonnet de nos campagnes, vous la reconnaissez pour être de la famille des privilégiées. En la voyant on ne s'écrie pas : Qu'elle est belle ! Chacun pense : Elle est bien.

Auriez-vous, chères petites, une autre ambition? Quel suffrage pourriez-vous préférer au sentiment de respect et d'estime qu'inspire l'aspect d'une mise décente et bien ordonnée? Qu'importe si d'autres brillent plus que vous? Leur plaisir ôte-t-il quelque chose au vôtre, et faut-il qu'un œil chagrin trouble votre sérénité, à vous que la simplicité met à l'abri des attaques malveillantes? Puis, mes enfants, savoir économiser sur ses fantaisies, c'est le secret de pouvoir faire plus de bien.

Allez, une large part de bonheur vous attend. Doucement guidées par vos parents dont votre docilité fait la joie, vous ne recherchez que leurs regards et leur amour.

Vos jeunes compagnes goûteront auprès de vous les douceurs d'un commerce agréable et facile ; toutes les mères se féliciteront de vous voir dans la société de leurs filles ; et si, retrouvant sous vos pas notre petite pâquerette, en l'effeuillant vous songiez à lui demander : « Suis-je aimée de ce qui m'entoure ? » La petite fleur répondrait : « Oui. »

19 Aout 1864
& 1880

XXVIII

Incertitude de l'Avenir

QUEL BUT SE PROPOSER DANS L'ÉDUCATION DES FILLES

Chères enfants,

Vous que nous aimons à voir groupées autour de nous, cette journée vous aura bientôt dispersées, et tout à l'heure, c'est en vain que nous vous chercherons dans nos salles vides, dans notre jardin silencieux. Pendant les loisirs que vont nous faire comme à vous les vacances, si nous retrouvons vos traces empreintes dans les sentiers que naguère nous foulions ensemble, nous sourirons au souvenir récent de vos jeux, de vos saillies, et de ces réflexions à la fois naïves et sérieuses que vous veniez échanger à nos côtés. Quand une pensée domine en nous toutes les autres, quand surtout cette pensée est le but de notre vie, autour de nous rien ne se passe que nous ne le rattachions à notre intime préoccupation. Le rameau qui s'incline, le son qui frappe l'air, nous semblent avoir une âme pour comprendre la nôtre, et une voix pour répondre à la question que nous nous posons en nous-mêmes.

Arrêtée l'un de ces jours devant une ruche dont la diligente population s'en allait butiner sur les fleurs, j'examinais l'ordre avec lequel, chargées de leurs richesses, elles entraient, ressortaient, accomplissant sans se tromper jamais l'office assigné à chacune. Heureuses abeilles, me disais-je, en même temps que vous naissez, un admirable instinct avertit vos devancières du rôle qu'aura chaque nouveau membre à remplir dans la cité commune; et dès lors elles, vos devancières, préparent tout pour correspondre à cette merveilleuse prescience qui n'est autre que la volonté immuable et divine.

Ramenant de là ma pensée sur cette autre ruche confiée à notre garde, dont vous êtes, mes enfants, l'intéressant essaim, je me demande : Et vous, que ferez-vous? Quelle sera votre part dans les destinées d'ici-bas? Que ne pouvons-nous vous animer aussi d'une intuition secrète, diriger toutes vos facultés vers un centre connu? Pour nous le voile de l'avenir reste toujours baissé, car Dieu ne nous a pas donné l'instinct, il ne nous a pas tracé une route que nous dussions fatalement suivre, mais il nous a douées d'une âme libre dans son choix et maîtresse dans sa volonté, afin que, plus éprouvées, nous puissions mieux mériter. A part les grandes voies de vertu et de morale, ouvertes à tous et qu'éclaire le flambeau de la religion, nul ne saurait dire par quels chemins il accomplira son pèlerinage, ni quelles vicissitudes l'y attendent; si cette incertitude pèse sur l'existence de tous les hommes, plus profonde encore se fait l'obscurité, quand on essaie d'envisager l'avenir de la jeune fille.

Elle ne peut, comme son frère, lever la tête et regarder en face pour se dire : « Là est ma voie, là m'appellent mes goûts, mes aptitudes ; à telle carrière je consacrerai ce que je puis avoir d'intelligence et d'énergie. » Le garçon se met à l'œuvre. Qu'importe si la lutte est difficile ou longue. Il sera jeune, lui, tant qu'il se sentira le courage et la force ; quel que soit l'art, l'étude ou le métier qu'il préfère, il a le droit de s'y livrer avec ardeur... Et finalement, peu importe ce qu'il fera, pourvu qu'il soit un homme !

La jeune fille aussi reçoit de la nature les dons de l'intelligence, de l'imagination, parfois même ceux du génie, — présent souvent fatal, dont la flamme comprimée en a dévoré plus d'une. Aux éclairs que ces dons jettent dans la première enfance, on applaudit d'abord avec joie ; puis, à peine voit-on succéder à cet âge charmant les grâces timides de l'adolescence, on se demande avec une sorte de crainte : « Que lui serviront ces dons brillants ? Ne lui seront-ils pas plus nuisibles qu'utiles dans la place encore inconnue qui lui sera faite en ce monde ? »

En effet, que semble jusqu'ici lui annoncer le présent ? Ou bien, à un degré plus ou moins élevé de l'échelle sociale, la fortune lui sourit et lui permet d'attendre, sous la protection de tendres parents, le moment où elle devra porter dans une autre famille les qualités acquises dans la sienne ; ou bien placée au-dessous du niveau appelé l'aisance, elle devra travailler à se créer elle-même une position pour laquelle le champ des préférences est bien restreint, car avant son goût et ses dispositions personnelles, que de bienséances à consulter, que de difficultés à aplanir! Néanmoins elle se décide; mais alors, une fois engagée dans sa route, qui la soutiendra?

Enfant privée de dot, le plus sage pour elle est de s'attendre à la parcourir seule, à ne rêver d'autre appui que la force morale puisée dans les principes de son éducation solide et chrétienne. Ils seront son refuge contre les amertumes et les déceptions, comme ils feront sa gloire en ce jour qui pour elle aussi peut venir, où un homme d'honneur lui tendant la main et lui donnant son nom, la choisira pour compagne de ses bons et de ses mauvais jours.

Une ère nouvelle va donc s'ouvrir à elle ainsi qu'à celle dont les débuts dans la vie avaient été marqués par de plus heureux présages. Pour l'une comme pour l'autre, une main naguère étrangère, aujourd'hui dépositaire de leur sort, va tenir la balance de la destinée. Selon que cette main sera inhabile ou ferme, elle peut, s'abaissant ou s'élevant, intervertir les rangs, opérer toute une révolution dans l'existence qu'elle avait mission de protéger.

En présence de ces fluctuations possibles de l'avenir, comment donc élever nos filles, se dit-on? A quoi faut-il les préparer? O mères anxieuses, vous à qui je dois d'avoir connu à mon tour les joies de la maternité(*), et surtout les inquiétudes qui en sont la consécration, permettrez-vous à une voix timide, mais bien tendre et pourvue peut-être de quelque expérience, de se mêler aux vôtres et de vous répondre : attachons-les d'abord à ce qui ne passe pas et ne saurait changer, c'est-à-dire au sentiment du devoir sans restriction, du devoir tel que le prêchait la simplicité d'un autre âge dans toute

(*) Madame Melet n'a pas eu d'enfant.

la vigueur de la foi, tel que l'enseigne encore la saine raison puisée aux mêmes sources vives. Sous prétexte que ces enfants sont faibles et délicates, pourquoi craindre de leur parler un langage sérieux, de les initier parfois à des peines qu'elles devront soulager plus tard ? Elles ont plus d'énergie qu'on ne croit, sous leur frêle enveloppe, et plus de profondeur aussi, derrière cette mobilité de sensation qui, faute de direction, court risque de se dissiper en frivolités.

Qu'une sage distribution de la journée leur fasse apprécier la valeur du temps, cette véritable richesse. Si jeunes qu'elles soient, ne trouvent-elles pas déjà que les heures passent trop vite, tour à tour occupées d'art, d'études, de travaux manuels. On nous dit qu'aux jours antiques les reines mêmes filaient et gouvernaient leurs maisons. Sous vos auspices, vos filles apprendront aussi à devenir les intendantes de la leur, imitant, sinon à la lettre au moins dans l'esprit, cette admirable femme forte dont le Saint-Livre a paré le type d'une éternelle jeunesse. Son âme était trempée de vigueur, mais son cœur était plein de tendresse, et le miel coulait de ses lèvres. Puissiez-vous de même, chères enfants, unir le talent de bien dire à celui de bien faire.

Il est un charme dont une femme ne devrait jamais se départir, c'est celui de savoir avoir raison. Nous perdons tous nos droits quand nous voulons les tenir de l'aigreur, non de la persuasion. Habituons-nous à ne jamais parler sans réflexion. Réfléchir, penser, ces deux mots sont la clef et le but des études auxquelles on astreint vos jeunes années.

Quand la culture de l'esprit est subordonnée à celle du cœur, comment ne pas espérer de bons résultats ? Aidez-nous donc dans notre tâche, ô mes bonnes petites filles; nous avons une puissante action sur vous, vous le savez; mais vous savez aussi que nous ne pouvons rien sans votre concours. Vous n'êtes point les statues d'argile ou de pierre dont parle le psalmiste, qui n'entendent pas, qui ne sentent rien. Vous avez une intelligence, vous avez un cœur : avec une tendre confiance laissez-nous les guider. Soyez aujourd'hui bonnes filles, bonnes compagnes, bonnes élèves, pour devenir en temps voulu bonnes épouses, bonnes mères, maîtresses justes et sagement indulgentes.

Alors prenant le rang que vous aura assigné la Providence, vous entrerez actives dans la société, pénétrées de cette idée que nul n'y fait rien pour soi seul. Tout ce que vous pouvez acquérir dès maintenant d'utile et de bon, vous le transmettrez un jour, et par là vous contribuerez à cette infinie multiplication du bien qu'on appelle « progrès » et qui fait profiter les générations naissantes des efforts de toutes celles qui les ont précédées. Ainsi par la loi d'amour gravite le genre humain vers son perfectionnement. Ainsi pour chaque individu s'acquitte la dette commune de la reconnaissance.

Vous ferez pour d'autres ce qu'on a fait pour vous; vous essaierez de faire mieux et plus. Cet espoir, mes enfants, est notre chère récompense, à nous vos parents, vos maîtres et tous vos amis. Semblables au bon octogénaire, nous aurons planté l'arbre dont vous recueillerez les fruits, et avec lui nous dirons qu'il est doux de se donner des soins pour le plaisir d'autrui.

Croissez donc, jeunes vignes, parez-vous de fleurs et de verts rameaux, afin qu'un jour de nouveaux plants se développent forts et vigoureux sous vos ombrages.

Aout 1865

XXIX

Il faut faire le Bien parce que c'est le bien

Chères enfants,

En revoyant ces apprêts qui, naguère comme aujourd'hui, vous ont conviées à la fête du travail, plusieurs d'entre vous se sont écriées : « Eh quoi! une année passe-t-elle donc si vite! » Et puis, par un soudain retour vers ces jours si tôt écoulés, vous vous êtes demandé quel avait été le résultat de l'an dernier, comparé à celui que vous attendez actuellement..

Enfants, qui commencez à peine à balbutier les premiers mots du livre de la vie, déjà vous trouvez que les feuillets tournent rapidement. Afin de n'avoir rien à regretter, rendez-vous toujours compte de la manière dont chaque page aura été remplie. Nous qui sommes d'un temps où l'on a fait beaucoup, nous voudrions que vous fussiez de celui où surtout on fera bien... Voilà un mot grave, n'est-ce pas, mes amies, et pour vous qui l'entendez et pour celle qui le prononce.

Pourquoi faut-il que, chaque année, un jour vienne m'arracher à la douce et chère obscurité de mes travaux journaliers? Et comment me décider à braver l'éclat inaccoutumé d'une nombreuse réunion, si je ne me sentais entourée d'une bienveillance amie, et si une pensée toute de tendresse pour vous ne me disait : il est bon peut-être qu'à un moment donné, parents et maîtres, réunis dans un sentiment qui étreint nos cœurs comme une sorte de commune maternité, nous puissions étudier ensemble quelque fragment de ce grand tout dont se compose l'éducation.

Si chétif que l'on soit, on se sent entraîné par le mouvement général : à cette époque de l'année, un souffle est dans l'air, poussant toutes les idées vers l'avenir; tous les regards se portent vers cette bien-aimée jeunesse qui en est l'espérance et que ses maîtres ne veulent rendre aux joies de la famille que pénétrée des meilleures inspirations. Aussi de toutes parts, depuis les hauts sommets où l'intelligence tient son sceptre jusqu'à la modeste classe qu'abrite le clocher du village, descendent sur ces jeunes têtes des enseignements qui les préparent à l'accomplissement de leurs devoirs particuliers et sociaux, c'est-à-dire à l'amour et à la pratique du bien.

Or voici rassemblées sous nos mains des petites filles qui seront un jour des femmes. Quand la préoccupation d'asseoir l'édifice social sur de solides bases agite toutes les âmes, doivent-elles rester étrangères à cette grande impulsion, elles que la nature et la religion appellent si puissamment à y concourir? Nous sommes loin, Dieu merci, de ces pays et de ces mœurs où la femme n'échappait à la plus énervante oisiveté que pour abdiquer les plus saintes tendresses.

Mais parce que nous ne voulons être ni Spartiates ni Romaines, parce que nous nous défendons au moins autant du nom de philosophes ou de savantes, faut-il que, sous peine d'encourir un sourire décourageant, nous nous laissions envahir par le flot de futiles et mesquines vanités qui monte, monte, et, si l'on n'y prend garde, menace d'absorber toutes nos facultés? Oh! non, sans doute.

Beaucoup réclament pour nous une plus digne part; et pourtant, parmi ceux-là mêmes, combien craignent d'ôter quelque chose aux grâces naïves de ces jeunes filles, en appelant chez elles le sérieux de la réflexion. Combien, prévenus par les dehors de leur gentille insouciance, leur tiennent grand compte d'une bonne intention sans résultat, qui, s'ils voulaient examiner de plus près, trouveraient que loin d'altérer leur charme naturel, le *savoir-bien-faire* ne sert qu'à les rendre plus aimables.

Oui, certes, c'est un grand point que le désir du Bien; mais suffit-il de le désirer et de l'aimer, si ce sentiment reste à l'état de stérile inaction? C'est à nous, parents, qu'il appartient de le faire fructifier dans les cœurs que le ciel nous a confiés. D'ordinaire, les enfants ont une prédilection innée pour ce qui est bon, pour ce qui est beau. A peine échappés des mains de Dieu, ils sont encore en communication avec lui par ce pur rayon, cette flamme vive et pénétrante du regard maternel, qui semble une émanation de la bonté suprême. Il ne sait rien encore, ce petit être, des intérêts de la terre; son âme pourtant s'éveille, et son œil attaché sur celui de sa mère y saisit une approbation qu'une caresse vient confirmer. Il va grandir heureux s'il comprend longtemps ce muet et tendre langage; si longtemps un simple signe est pour lui la loi du bien. Hélas! nous-mêmes, à force de tendresse, ne nous hâtons-nous pas d'en atténuer le sens? Savons-nous assez ménager sa jeune conscience, y cultiver comme une fleur délicate et fragile le contentement de soi-même qui donne tant de bien-être, et qui paie si largement de tout effort?

Que ne pouvons-nous modérer parfois les élans de notre amour, ne les prodiguant jamais à qui ne les a pas mérités, et les réservant à notre enfant comme preuve du bonheur qu'il nous a causé en faisant bien. Ah! surtout, ne lui gâtons pas par des promesses intempestives ce que vaut un sourire de son père, un baiser de sa mère. Craignons que l'appât de l'or, ou le clinquant de quelque futile ornement n'excite en lui des vues égoïstes et des considérations matérielles. Assez vite naîtra le sentiment de sa personnalité. Ne va-t-il pas falloir bientôt le lancer au milieu des luttes scolaires qu'une main prudente sait contenir dans les limites de l'émulation? Un nouvel attrait va séduire son cœur, à cet âge où les trésors de la science ne peuvent encore s'estimer pour eux-mêmes. Les sociétés d'enfants, aussi bien que celles des hommes, ont besoin de la perspective du succès pour solliciter leur ardeur. Sans doute, il est des âmes d'élite seulement éprises de l'idéale beauté, qui, sans espoir de récompense ici-bas, s'immolent au triomphe de la vérité. Mais, pour faire avancer les masses, il faut un but humain aux efforts humains. De là ces médailles, ces croix qui signalent tout progrès accompli au profit du bien-être général, et sont comme le rayonnement visible et palpable de l'impalpable gloire qui s'acquiert par la puissance du génie ou par la grandeur du dévouement. A nos écoliers donc, comme prémices de ces hautes distinctions, la couronne classique et le prix attestant la supériorité du travail.

Et vous, humbles enfants, chères petites filles, qui ne prétendez rien des gloires futures de vos frères si ce n'est de les encourager et de les aimer davantage pour le bien qu'ils auront fait, pourquoi donc aussi à vous une part de ces modestes lauriers? C'est seulement, mes amies, afin de vous aider à vaincre les difficultés d'études qui ont pour but, non de vous faire briller, mais d'affermir votre jugement et de vous rendre plus aptes à apprécier le juste et le bon, soit en admirant les beaux traits que l'histoire nous présente, soit encore en vous apprenant à tirer des conséquences rationnelles d'après les combinaisons de nombres qui effrayaient votre imagination, soit enfin, mes enfants, en vous exerçant au grand art de respecter la vérité par le choix des mots, et à ne traduire votre pensée que dans les termes et sous les couleurs qui lui sont propres.

C'est ainsi que, dans la mesure de vos forces, vous deviendrez dignes de ceux pour lesquels on prépare aujourd'hui dans tous les rangs de si forts et si utiles enseignements, vous souvenant toujours que votre tâche, à vous, est de devenir essentiellement bonnes, afin d'améliorer tout ce qui vous approche. Songez que le bonheur des autres est attaché à tous vos actes. Que cette pensée grandisse avec vous, qu'elle s'y infuse, pour ainsi dire, comme l'air que vous respirez, comme le sang qui circule dans vos veines, et qu'elle soit avant toute autre, la récompense de vos efforts !

Mais, faut-il le dire, chères amies, au-dessus de tout succès, au-dessus même du bonheur que vous donnerez, il est un prix suprême sans lequel vous ne pourriez être heureuses : c'est l'estime de vous-même. Dans la vie, tôt ou tard vient un moment où les tendres regards qui nous ont guidés ne sont plus là pour nous soutenir dans nos luttes secrètes. Dieu seul les voit et en tient compte. Courage donc, à vous qui semblez déshéritées des largesses de ce jour ! Courage ! Si vous avez travaillé de votre mieux, ce mieux n'est pas perdu. Courage à vous surtout qui vous repentez, car le repentir est encore l'amour du bien. A défaut de couronnes, vous avez le mérite de vos bonnes résolutions.

Et tenez, mes enfants, si ces conseils ont dépassé, pour quelques-unes, la portée de votre jeune raison, permettez-moi de les terminer par un petit conte qu'un auteur de nos jours, un père, a revêtu du charme de la poésie, et que je vous dirai, moi, dans sa simplicité première :

« Trois enfants, trois petits garçons, allaient à l'école et se promettaient de s'y bien conduire. « Moi, dit l'un, « papa me donnera une belle pièce d'or si je rapporte « une bonne note. » — « Oh ! répond le second, ma ré- « compense vaudra mieux, et je travaillerai bien pour « que maman m'embrasse. » Le troisième soupira..... Il était pauvre, il était orphelin ! « A moi, dit-il, personne « n'a rien promis, mais je ferai le bien parce que c'est le « bien.... ! »

20 Aout 1866

XXX

Dévouement

Mes amies,

Autour de vous tout semble n'annoncer que la joie : d'où vient donc qu'en moi et en vous-mêmes s'élèvent des pensées sérieuses, presque mélancoliques ? Pourtant ce jour arrive tout orné de guirlandes, les mains chargées de couronnes et de prix. Il amène un cortège de parents et d'amis, heureux d'applaudir à vos premiers succès, et surtout il tient une clef, véritable clef magique, qui va réaliser vos plus doux rêves, en ouvrant toutes grandes les portes de cette enceinte, pour vous laisser, folâtre essaim, vous envoler vers vos vacances !...

A cet aspect vous souriez, oui, mais vous pensez aussi ; et vous sentez que ce jour de rémunération n'est pas seulement un jour de fête, qu'il est en même temps un jour d'expérience et de leçon. A vous, il dit tout bas que le bonheur en ce monde s'achète toujours par quelque sacrifice. A nous, il apporte à la fois et plaisir et regret, car vous êtes toutes nos enfants ; toutes vous avez part égale à nos soins et à notre affection, et s'il nous est doux de signaler celles qui se sont distinguées parmi leurs émules, nous souffrons de laisser les autres dans l'ombre : ainsi le veut la loi de tout concours. Puis, quand nous parcourons vos rangs d'un œil attendri, nous songeons aux places qui bientôt y seront vides. A l'égard de plusieurs, l'instant présent nous avertit que notre tâche ou s'avance ou s'achève, et que l'heure de la séparation définitive ne tardera pas à sonner. Or, chères petites, ce n'est jamais sans nous sentir pressées de sollicitude que nous vous voyons quitter ces bancs. Enfants encore aujourd'hui, et demain jeunes filles, vous retournez dans vos familles. Puissiez-vous y porter le germe de qualités qui, mûries aux ardeurs de la tendresse maternelle, fassent de vous un jour des femmes dévouées.

Plus s'accumulent pour nous les années d'expérience dans la tâche délicate et toujours si nouvelle de préparer les jeunes filles aux touchantes fonctions qui les attendent, plus se grave profondément dans notre âme la conviction que, pour atteindre à la hauteur de ses devoirs, il y faut une fusion complète de son être avec les besoins et les vœux de ceux qui nous entourent. Vivre en eux et non plus en soi, s'oublier, en un mot, tel est, — dans ses diverses attributions de fille, d'épouse et de mère, — le rôle constant de la femme, immolant sa frêle organisation aux exigences de son cœur, aimant d'autant plus à mesure qu'elle donne davantage.

Ce n'est guère à l'enfance que l'on peut parler de la sorte ; l'enfance est si naïvement égoïste que pour elle toute une nation prépare laborieusement les routes de l'avenir, sans qu'elle ait conscience d'autre chose que de ses chagrins éphémères ou des hochets qui font sa joie présente. Aussi ne nous hasarderions-nous pas, par quelques mots un peu austères, à faire descendre sur vos jeunes fronts un nuage de gravité, si, parmi vous, nous ne comptions des cœurs prématurément dévoués que la venue des jours prochains a déjà préoccupés, et qui se sont demandé plus d'une fois comment on peut jamais s'acquitter envers ses parents.

O mes amies, en effet votre dette est immense, et ce ne serait pas trop de votre vie entière pour la payer en partie. Songez que, depuis votre naissance jusqu'à ce moment, vous n'avez respiré, vous n'avez vécu, vous ne vous êtes développées au moral comme au physique, vous n'avez acquis quelque ressource intellectuelle qu'au prix de sacrifices incessants. Pour que vous possédiez ces biens, votre mère a donné le repos de ses nuits, l'activité de ses journées, sa santé, ses prières ardentes. Telle une plante violemment secouée n'attend pas le vent d'automne pour se flétrir, ainsi tant d'inquiétudes et de veilles accumulées ont fait évanouir avant le temps l'éclat de sa jeunesse. Sa jeunesse ! que lui importe, quand elle voit fleurir la vôtre ?

Et votre père, le voyez-vous courbé sous le poids de travaux qui, heure par heure, usent ses forces et blanchissent ses cheveux ? C'est pour vous, chères insoucieuses, qu'il trace le sillon, améliore le sol, étend son commerce ; c'est pour vous qu'il arrache à la science des secrets nouveaux, et, sans trêve ni relâche, force l'industrie à faire chaque jour un pas en avant ; il ne s'arrête pas qu'il ne vous ait acquis la position rêvée par son ambitieuse tendresse.

Aimez donc beaucoup vos parents; mais dites maintenant si vous pourrez leur rendre tout ce que vous en avez reçu? A eux? Oh! non, pas à eux, mais vous le rendrez à d'autres; car tout s'enchaîne ici-bas par un lien de gratitude universelle. Nous payons aux générations naissantes les obligations contractées envers nos devancières. Tous ceux qui ont vécu avant nous, mes amies, ont contribué pour leur part aux avantages dont vous jouissez. Tandis que l'un combattait à la frontière pour garder intact le territoire où vous êtes nées et où reposent vos pères, l'autre construisait le toit qui abrita votre berceau. Le légiste veille pour élaborer le code, garant de votre sécurité. Le prêtre, après avoir appelé sur vos têtes les bénédictions célestes, descendant des sublimes hauteurs aux plus humbles fonctions de son sacerdoce, vient à vous, petits enfants, pour vous enseigner les doux préceptes de la charité évangélique. Il vous montre le plus grand sacrifice inscrit à la première page de votre vie, et votre âme lavée et rachetée par le sang d'un Dieu!

Si jeunes que vous êtes, sous l'impression de la parole sainte, vos sentiments se purifient et s'élèvent. C'est à la voix et à l'exemple du Christ que le dévouement a fait son chemin dans le monde. L'amour de sa tribu, de ses proches, l'amour même de la patrie ne suffit plus au cœur du chrétien qui, dans le genre humain, ne voit partout que des frères. En même temps, les promesses faites à la femme se réalisent; elle connaît enfin sa valeur spirituelle et morale, et devient coopératrice de l'œuvre de régénération. Sous la bure ou sur le trône, expiant pour tous au fond du cloître, ou bien prodiguant sa tendresse au sein du foyer, désormais sa place est conquise : elle est partout où se trouve quelque peine à adoucir, sinon du bonheur à donner. Vienne à gronder l'orage, que la persécution s'élève, sa force grandit avec le danger, et la vierge timide marche d'un pas égal avec les plus hardis défenseurs de la foi. Qui oserait comparer les héroïnes de la Grèce et de Rome aux suaves figures des annales chrétiennes, et leur farouche patriotisme au dévouement si pur de notre Jeanne inspirée. Mais si la tourmente s'apaise, si la société, raffermie sur ses bases, reprend sa marche ascendante dans les voies de la civilisation, pour être moins éclatante, l'influence de la femme n'en continue pas moins à s'accroître. S'agit-il de prêter secours au vieillard infirme, ou protection à l'enfance délaissée, son activité redouble; et en effet, quand, sous nos yeux, s'organise et se coordonne avec une infatigable ardeur la lutte du bien contre le mal, du bien-être contre la souffrance, comment ne rivaliserions-nous pas de zèle et d'abnégation pour suivre de nobles traces, pour imiter, au moins de loin, l'exemple venu de haut?

Ces mots d'abnégation et de dévouement, plus d'une fois répétés dans le cours de ce modeste entretien, ont-ils pu passer sans éveiller le souvenir de faits encore palpitants, sans nous amener à prononcer dans nos cœurs un nom auguste? A d'autres plus dignes appartient l'honneur d'en parler; du moins nous sera-t-il permis de payer notre humble tribut de reconnaissance et d'admiration pour de si grandes choses accomplies avec une si touchante simplicité (*).

Ainsi l'ange de charité passe au milieu des fléaux de ce monde, avec l'énergie dans le cœur et le miel sur les

(*) Allusion à la visite récente de l'Impératrice Eugénie aux cholériques d'Amiens.

lèvres; ainsi puissions-nous revêtir toujours de formes amènes les actes les plus pénibles, et posséder cette grâce qui double le prix du bienfait. Que nous servirait de multiplier dans notre intérieur les soins et les prévenances, si nous en altérons le charme par une humeur inégale, par des mots injustes, ou par un air de fatigue qui semble les reprocher à ceux qui en sont l'objet. Rien ne rafraîchit l'âme comme la voix de la personne aimée : que cette voix soit toujours harmonieuse, qu'elle vibre à l'oreille du père et de l'époux dans ses inflexions les plus tendres. « Quand vous jeûnez, a dit le divin législateur, parfumez-vous afin que le monde l'ignore. » Et nous aussi, sachons sourire, quand même l'amertume est dans notre âme.

Ces habitudes de douceur et d'égalité, mes amies, nous devons les contracter dès l'enfance. Entre vous, accoutumez-vous donc à supporter vos petits défauts réciproques, vos contrariétés encore si légères. Échangez gaiement de mutuels services, nous y gagnerons toutes. Pour votre caractère assoupli, l'obéissance à des devoirs réguliers paraîtra plus légère. Au lieu de réprimandes nous n'aurons plus que des encouragements à vous donner, et je vous redirai avec la confiance d'être comprise ce mot d'une grand'mère à sa petite-fille : « Mon enfant, la bonté est le caractère essentiel de ton sexe; sans elle, pas de félicité possible. Mais souviens-toi qu'il ne suffit pas à une femme d'être bonne, il faut qu'elle soit aimable. »

19 Aout 1867

XXXI

Bonne Volonté

Mes enfants,

Nous sommes à une belle époque d'une grande année (*). De toutes parts vous avez entendu proclamer les noms des vainqueurs dans la plus magnifique lutte qu'il soit donné au monde de contempler. Quelques-unes parmi vous ont vu de près l'expression de la juste fierté qui remplit l'âme de l'homme, lorsque, par un travail constant autant que par une intelligence supérieure, il est parvenu à l'emporter sur ses rivaux. Féconds et pacifiques combats que ceux où la science, alliée fidèle de l'industrie, triomphe de la routine et des préjugés !

Un peu plus tard, c'était le tour de nos lycées ; alors on couronnait de jeunes succès, présages de gloire future, et ceux-ci nous intéressaient plus encore, car les heu-

(*) Année de l'Exposition universelle.

reux lauréats n'avaient que votre âge, et parmi eux plusieurs étaient vos frères.

Enfin, au milieu de si grandes choses, voici que vous aussi, chères petites, venez timidement recueillir le fruit de vos efforts. Ici, point de mérite éclatant à constater, pas même de génie naissant à encourager; néanmoins vous voyez qu'un doux intérêt s'attache à vos travaux, et que la plus tendre bienveillance se plaît à vous en présenter le prix.

Chacun le sent, une grave question repose sur l'emploi que vous saurez faire de vos facultés. En vous voyant toutes ici rassemblées, nous sommes gagnées d'une émotion soudaine; nous interrogeons l'avenir et lui demandons quelle somme de bonheur et d'élévation morale vous promettez à cette famille de familles qu'on appelle société ou patrie.

Ainsi de faibles causes ont d'immenses effets, et voilà pourquoi tout parle au cœur, dans cette humble fête de la *bonne volonté*. Apportons-y, mes enfants, le moins de bruit possible, une joie tout intime, quelques regrets sans doute adoucis par un vœu sincère de regagner le temps perdu : par là nous rendrons mieux hommage à ce sentiment de modeste apparence, si modeste que trop communément on en fait l'unique mérite de ceux à qui l'on en dénie d'autres. Il est bien vrai : telle est la vertu que, semblable au filet d'eau traversant le désert, il vivifie ce qu'il touche, et fait produire, à quiconque en est doué, plus que ne semblait promettre l'aridité de sa nature.

Mais ne nous trompons pas sur la portée de ce mot; *bonne volonté* ne signifie-t-il pas « vouloir le bien » ? Pour vouloir le bien il faut l'aimer. Or cet amour profond du beau qui nous porte à désirer de l'imiter, même de loin, se trouvât-il dans un esprit peu développé, ne saurait y demeurer sans le grandir. Si dépourvus que nous soyons des moyens de produire le bien, le tenter est toujours un noble effort qui, dussions-nous n'en rien retirer dans le présent, nous comptera pour l'avenir.

Heureux les hommes de bonne volonté ! Sous cette formule douce et charmante, quel sens profond ! quel horizon ouvert à toutes les aspirations ! Comme elle enrichit celui qui se croyait dénué, comme elle relève les humbles et fortifie les faibles. C'est le denier de la veuve, le verre d'eau donné au nom du Christ ; c'est le secours de l'aveugle au paralytique ; c'est le mot qui console ; la bonne volonté, enfin, c'est l'offrande du cœur !

Une église de campagne est ouverte ; nous y voyons tout préparé pour une cérémonie touchante : l'autel, où brûlent quelques cierges, n'a pour ornement que des fleurs des champs. Sur les bancs de bois les fidèles ont pris place ; ce sont pour la plupart des paysans ayant quitté la charrue pour revêtir leurs habits des grands jours, des mères attendries qui suivent des yeux leurs filles vêtues de blanc. Bientôt de jeunes voix, sans art, entonnent un cantique ; puis le prêtre, à son tour, dans un langage à la portée de ces âmes primitives, les entretient des bontés de Dieu, père de la nature, protecteur des moissons, qui daigne en ce moment se donner à l'enfance. Il n'a fait aucun frais d'éloquence, mais ce qu'il a dit est si vrai que, tandis qu'il parlait, plus d'une larme a coulé sur une joue hâlée. Les plus beaux tours oratoires obtiennent-ils toujours un pareil suffrage? D'où vient donc que cet ensemble de simplicité et même de rusticité naïve a tant de puissance pour remuer le cœur?

Pourquoi a-t-on la conviction que cet encens qui monte vers la voûte arrivera au trône de l'Éternel avec une agréable odeur? C'est qu'il est l'hommage de la bonne volonté.

Eh bien, mes enfants, puisque la volonté, avec d'infimes ressources, arrive à d'heureux résultats, jugeons de ce qu'elle doit produire dès qu'elle se trouve unie à une intelligence élevée. Alors elle ne connaît plus d'obstacles; dans les âmes puissantes, l'étincelle devient un ardent brasier, principe générateur de tout ce qui s'accomplit ici-bas de grand et de beau. Alors elle ne s'appelle plus seulement persévérance ou patience : elle est génie, et elle remue le monde. Elle a pour domaine la terre, l'air et les eaux. Et quand nous voyons se dresser sur nos places publiques des statues en l'honneur de ces hommes qui, à travers mille souffrances, nous ont conquis tant de richesses et de bien-être, ne sommes-nous pas tentés de nous agenouiller, ne sachant ce qui l'emporte le plus en nous, de l'admiration ou de la reconnaissance?

Mais, hélas! quel regret de penser que, faute de bon vouloir, de tels bienfaits eussent été perdus. Que de belles facultés se sont englouties dans les limbes de l'oisiveté! Combien le souffle aride de l'égoïsme n'a-t-il pas desséché d'épis en pleine floraison! Fortune dérisoire! Amère déception! O mes enfants, qui que nous soyons, grands ou petits, gardons-nous, en dépositaire infidèle, d'enfouir le talent confié à nos soins; faisons-lui rapporter selon nos forces, il ne nous sera demandé rien de plus, pourvu que nous usions des moyens qui nous ont été donnés.

Que servirait à la terre de recéler des sucs féconds si

elle ne se pénétrait tour à tour de chaleur et d'humidité? Que servirait à l'oiseau d'avoir des ailes, s'il ne voulait que ramper comme l'immonde reptile? Et à nous toutes, que nous servirait la tendresse de cœur si nous refusions de nous dévouer? Où en seriez-vous, chères petites, sans le travail d'un père infatigable, sans l'immolation perpétuelle d'une mère qui a cessé de compter ses jours, dès le moment qu'elle a compté vos heures? Ne perdez jamais de vue, mes amies, tout ce qu'ils font pour vous, et que la pensée de rendre un peu à qui vous devez tout vous soutienne lorsque vous sentirez votre courage près de faillir.

Nous le savons bien : ce n'est guère à votre âge que l'on peut rendre de grands services; mais, pour peu que dans vos familles vous veniez en aide aux soins de l'intérieur, mettez-y de l'empressement et de la bonne grâce. Dans vos études, quoi que nous fassions pour vous les rendre accessibles, vous rencontrez souvent une sécheresse qui vous rebute. Suppléez alors à la facilité par une application plus soutenue; l'attrait viendra avec le contentement de vous-mêmes.

Ce charme d'une conscience satisfaite, beaucoup d'entre vous l'ont connu déjà. Puisse-t-il être votre première récompense, et, si le sort ainsi l'a voulu, puisse-t-il vous tenir lieu de celles auxquelles vous auriez pu prétendre. Qu'il vous fasse toujours placer l'approbation intérieure de vos actes au-dessus des applaudissements du monde, et apprécier chez tous le mérite du devoir strictement accompli.

Il est dans nos jardins une petite plante, — à peine osé-je dire une fleur, — dont la nuance indécise et le feuillage insignifiant jamais n'attirent les regards. Pourtant, s'agit-il de fêter un père ou une mère chéris, vous ne l'oubliez pas dans vos bouquets. Vous n'en feriez pas une guirlande pour parer votre tête, mais dérobée au jour, placée tout près du cœur, vous la choisissez pour vous environner d'une atmosphère embaumée. Je la veux cueillir aujourd'hui, cette petite fleur aimée, ce brin de réséda qui me semble l'emblème de la bonne volonté; laissez-moi vous l'offrir, mes chères enfants, en souvenir de celle dont vous avez fait preuve durant le cours de cette année, et comme gage aussi de la mienne qui, à défaut de talent, m'a inspiré ces conseils dans le but de vous être utile.

17 Aout 1868

XXXII

Encore une Année qui va finir

Mes enfants,

Voici l'heure qui doit clore nos exercices. Les travaux ont cessé, les livres sont fermés pour quelque temps; plus d'études dans nos classes, plus de jeux dans nos cours, et je répète avec vous ce que vous disiez tout récemment : « Encore une année qui va finir ! »

Je vois sourire nos chères aînées. Je vous comprends, mes amies, car ce mot vous rappelle un souvenir déjà fugitif peut-être, et il vient de nouveau fixer votre attention sur un sujet qui, livré naguère à vos méditations, fut développé par chacune de vous selon le sens que lui dictèrent son jugement et son cœur.

Frappée de la justesse de vos réflexions, je les ai recueillies pour y puiser les éléments des conseils que je vous adresse aujourd'hui. Puissent-ils, en passant par ma bouche, ne rien perdre de la fraîche inspiration qui les a produits et aller à vos cœurs avec le même attrait que vos douces pensées ont trouvé dans le mien.

Encore une année qui va finir! Et toutes de vous récrier sur la rapidité du temps qui jamais ne s'arrête, effleure tout de son aile, renverse ici, édifie ailleurs, partout marque la trace de son passage.

Effrayées des changements et des ravages que trop souvent une année entraîne après elle, vous ajoutiez : « Qu'il est bon, qu'il est utile d'amasser des trésors inaccessibles aux injures du temps! Augmentons nos ressources intellectuelles et morales ; efforçons-nous chaque jour de devenir meilleures, ce sont là des richesses qui ne passent pas, et que, par delà le cercle des années qui finissent, on retrouve dans les pures régions où nous suivra seulement le bien que nous aurons fait ici-bas. »

Et je remarquai avec bonheur que, pénétrées de la nécessité de bien dispenser ce temps si court, vous vous félicitiez d'obéir à une règle habilement établie pour la combinaison du travail et des récréations. « Heureuses, disiez-vous, celles qui, comme nous, n'ayant qu'à se laisser guider par des mains amies, voient, au matin, briller la perspective d'une journée dont toutes les heures utilement remplies préparent pour le soir un doux repos! »

Il est doux, en effet, l'oreiller où s'endort une conscience tranquille. Ainsi le vieillard, à la fin d'une belle carrière, trouve dans le calme de son âme la récompense d'une jeunesse sage et laborieuse.

Puis, mes amies, songeant à votre vie d'écolières tout à la fois si animée et si paisible, vous en tiriez la conséquence que, pour n'éprouver ni regret ni ennui, il faut, aidée des avis de l'expérience, se tracer un plan de conduite qui ne nous laisse jamais inactive. Si telles n'étaient vos paroles, tel en était du moins le sens. Que pourrions-nous ajouter à vos résolutions, sinon le vœu de vous être longtemps utiles par notre affection et par nos conseils ?

Étiez-vous moins bien inspirée, vous, chère petite que cette année a vu passer de l'enfance à l'adolescence, lorsque vous demandiez quels nouveaux droits, mais aussi quels nouveaux devoirs elle était venue vous apporter. A votre âge, une année qui finit n'est rien qu'une autre qui commence ; c'est un accroissement de forces vitales, un plus riche développement de vos facultés. Arrivée à la limite extrême de deux périodes qui se confondent, à ce point culminant où le passé et l'avenir semblent se donner la main, vous faites un retour sur vous-même et vous vous dites : « Qu'ai-je été jusqu'ici ? J'ai joui de la vie comme d'un bien qui m'est dû, sans m'inquiéter par quels miracles de tendresse mes parents me l'ont faite si facile et si riante. Depuis que je me connais, ma mère à pensé pour moi ; elle s'est épuisée à tout prévoir pour mes besoins et pour mes plaisirs. J'ai vu mon père, le front chargé de soucis, n'interrompre ses occupations que pour me sourire et m'embrasser. Et moi, qu'ai-je fait pour eux ? Ai-je songé seulement à leur donner l'unique joie qu'ils m'aient demandée en m'efforçant d'acquérir une instruction qui ne doit profiter qu'à moi ? N'ai-je pas au contraire augmenté leurs inquiétudes par mes négligences ? O mon père, ô ma mère, combien j'ai de torts à expier envers vous ! Que l'année qui s'enfuit emporte donc mes dissipations et ma légèreté, et que celle qui la remplace favorise mes dispositions nouvelles ! Je veux désormais répondre à tous vos sacrifices ; je veux mériter votre confiance, but cher à ma jeune ambition, et pouvoir, en pleurant de bonheur, vous entendre dire que vous vous réjouissez de m'avoir pour fille. »

Courage ! enfant, Dieu t'entend, lui qui t'a donné pour sauver ton âme, le temps dont tu ignores maintenant le prix. Tu le perds parcelle par parcelle, comme tu émiettes le pain quotidien, avec autant d'insouciance que le passereau égraine nos épis. Pas plus que lui tu n'as conscience du mal que tu fais, à toi d'abord, à nous, à la société entière, où, toute petite que tu es, tu tiens déjà une si large place. Un jour, ô mes enfants, vous comprendrez comment cette grande famille humaine si chargée de labeurs, si accablée de fardeaux de toutes sortes, avance, avance toujours dans sa tâche de perfectionnement, fortifiée par une sève dont la source, venue d'en haut, circule dans tous ses membres, les unit d'un indissoluble lien, les fait travailler, vivre ou mourir les uns pour les autres, et que d'un nom divin on appelle : *amour !*

Amour charitable, ce mot a remué le monde. Passant par des degrés infinis, il descend jusqu'à vous, êtres chéris pour qui nous donnons tous nos jours et cherchons le mieux en toutes choses, fouillant les archives du passé, demandant à l'expérience de nouveaux moyens de vous rendre plus heureux que nous ne l'avons été nous-mêmes. C'est par la sollicitude dont vous êtes l'objet, par la protection que réclame votre faiblesse, que vous comptez tant parmi nous.

L'amour est le sceptre des faibles : régnez donc par lui, heureux enfants, jusqu'au jour où vous paierez, à force de dévouement, la dette que vous contractez aujourd'hui. Encore quelques années, et, de même que celles qui vous ont précédées sur ces bancs, nous vous verrons prendre rang parmi les femmes de bien sous les mains desquelles grandit tout l'espoir de l'avenir.

Chargées d'inculquer les principes de foi et de charité qui maintiennent la société sur ses bases, vous aurez à remplir une grave mission. Pour en devenir dignes, commencez dès maintenant à vous y préparer en écoutant la voix de vos maîtres. Leurs efforts ne sont pas des efforts isolés; ils ne font que correspondre à ceux de tant de hautes intelligences jalouses de vous initier aux grandeurs de notre époque. Nous vivons dans un siècle où il ne nous est plus permis de demeurer étrangères aux progrès qui ont lieu sous nos yeux, où nous ne pourrions sans rougir nous consumer dans les langueurs d'un inutile repos, ni perdre en propos puérils, en distractions frivoles, des heures si activement occupées ailleurs. Il ne s'écoule pas un jour sans qu'un fait marquant s'accomplisse; chaque année passe en ajoutant une page à l'histoire de l'humanité, et cette page est écrite en caractères que seule la main de Dieu peut effacer. Ce sont de sages lois qui s'élaborent, les cités qui se transforment, les extrémités boréales explorées en même temps que les plus ardentes contrées des tropiques; c'est la pensée de l'homme qui court d'un pôle à l'autre, rapide comme l'éclair, tandis qu'à sa voix le vieux continent s'entr'ouvre, et les océans rejoignent leurs flots, emblêmes de cette fraternité universelle que tendent à établir la religion et la science entre tous les enfants d'un même père (*).

(*) Année de l'ouverture du canal de Suez.

Dans ce courant d'activité et d'aspirations vers le bien, votre rôle est assigné d'avance, mes amies. Vous l'entendez dire à tout instant : pas un bienfait social ne se produit, pas un projet d'amélioration ne s'organise dans la condition du pauvre et du déshérité, sans que plusieurs femmes d'élite ne soient conviées à en aider l'exécution. Quelle part y aurez-vous? Sera-t-elle obscure ou brillante? Peu importe; ce qui est sûr, c'est que vous devez y concourir dans un ordre quelconque.

Que ce langage ne vous paraisse pas trop sérieux, jeunes écolières dont le rire a tant de charme pour nous, dont les joyeux ébats sont notre plus chère récréation. Quand nous vous recommandons de ne pas perdre une minute, nous n'entendons pas que vous travailliez sans relâche, mais que vous ne laissiez aucun moment inoccupé. Les heures d'études doivent faire place aux jeux de toutes sortes qui développent le corps et reposent l'esprit, non à l'énervante oisiveté. C'est elle qui souffle à l'oreille de l'indolente : « Attends à demain ». Loin d'écouter ce mot perfide, ne comptez pas sur un lendemain incertain ; ce que vous aurez négligé aujourd'hui, aurez-vous plus de courage pour le faire demain ?

Au moment où s'ouvre devant vous une série de jours pendant lesquels vous serez à peu près maîtresses de votre temps, mes amies, retenez ces simples réflexions sur le prix qu'il faut y attacher. Bien des fois et sous bien des formes elles vous ont été présentées, soit que vous les ayez lues ou entendues, soit que votre esprit ait dû s'en pénétrer par l'obligation même d'en enrichir votre mémoire, alors que la beauté du style venait en aide à la force des pensées. Mais la circonstance actuelle contribuera peut-être à vous convaincre davantage. « Oh !

dit celui qui voit arriver l'âge de la caducité sans avoir su se ménager des ressources, oh ! si je pouvais ressaisir mes belles années que j'ai follement dissipées ! — Oh ! dit l'écolier à qui l'heure présente n'apporte que de stériles regrets, si je pouvais regagner les moments perdus ! » Vœux superflus ; le temps perdu ne revient pas.

En est-il parmi vous, mes amies, qui, à défaut de succès, ne puissent au moins se dire qu'elles ont marché en avant dans la voie de l'étude ? Non, j'aime à vous rendre cette justice : vous avez toutes progressé. Continuez, avancez toujours, aussi bien celles que nous sommes appelées à guider encore, que celles qui vont demeurer au sein de la famille. Pour celles-ci, l'heure est venue d'entrer dans la vie active. Préludez aux devoirs de la mère de famille par ceux de la piété filiale ; entretenez autour de vos parents une sereine atmosphère de gaieté et de contentement.

Et toi, chère enfant, qui, dans un touchant élan du cœur, t'écries : « Une année qui finit... ah ! c'est une ride de plus au front de ma mère !... » rassure-toi ; ta mère ne sentira pas le poids des années, s'il est allégé par ta tendresse. Que lui fait de vieillir quand elle voit fleurir ta jeunesse si riche d'espérances. Mais dans ce pli qui t'inquiète, apprends à lire ton devoir : il te rappellera tant de sollicitude et d'amour, tant de combats pour éloigner de toi tout danger. Je ne sais plus qui a dit que les rides de la vieillesse s'effacent sous les caresses de l'enfance. Que le front de ta mère se rassérène donc sous ton sourire. Que par toi toute ombre de chagrin s'en écarte. Que surtout il reflète la plus noble fierté qui puisse envahir le cœur maternel : celle qu'y font naître les vertus de son enfant.

18 Aout 1869

XXXIII

SEMONS LE BIEN POUR RÉCOLTER LE BIEN

MES CHÈRES ENFANTS,

Que vous dirai-je aujourd'hui ? La crainte de me laisser envahir par une émotion trop personnelle me faisait désirer de m'abstenir (*), lorsque, parcourant un livre aimé, j'y rencontrai une maxime dont la coïncidence avec la phase de l'année où nous entrions me frappa au point de vous la faire écrire. S'il vous en souvient, cette maxime était celle-ci : « Sème le bien, puis demande au « laboureur ce que tu récolteras. Il te répondra : « Je « récolte ce que j'ai semé. » En même temps que vous, mes enfants, j'ai profité de la leçon, et voilà pourquoi j'essaie, dans un dernier conseil, de semer le bien.

(*) Dans le cours de cette année scolaire, Madame Melet avait eu la douleur de perdre une nièce, Mademoiselle Eugénie Baron, morte prématurément à 21 ans, et qu'elle affectionnait comme sa propre fille.

« Il est trop tard, direz-vous, puisque le temps de la moisson est arrivé ; les heureuses vont recueillir le fruit de leurs travaux, les autres n'ont plus rien à faire. » Le croyez-vous, mes amies ? Vous savez toutes aussi bien que moi que, à peine les blés sont-ils enlevés, on recommence à labourer et à amender la terre. Eh bien ! quel que soit en ce jour votre sort, ne demeurez-vous pas en possession d'un champ que vous avez mission de cultiver ? Il s'agit du domaine inaliénable de votre intelligence et de votre cœur, en un mot de ce qui compose votre âme, et toujours vous devez songer à le rendre plus productif.

Supposons qu'en ce jour la récolte vous manque, ne perdez pas courage ; faites en sorte qu'elle soit plus abondante l'année prochaine. Et puis, êtes-vous bien sûres qu'elle ait manqué totalement ? N'y a-t-il que des palmes à cueillir dans ce terrain fécond où l'on a déposé des graines de toutes sortes ?

Quand les fils du vieux laboureur, confiants en sa parole, creusèrent, fouillèrent, bêchèrent, ils ne trouvèrent point le trésor brut, objet de leurs recherches, mais ils eurent une ample moisson qui nourrit toute la famille et même de pauvres voisins. Or, c'est là ce qu'avait entendu le père. Il en est de même pour nous, mes enfants : lorsque, pour exciter votre ardeur, nous vous proposons ces couronnes qui ne sont qu'un but apparent, nous voulons vous faire découvrir le trésor caché à vos yeux mais connu de notre expérience. Alors toutes, creusant, fouillant, tourmentant votre mémoire, développant vos facultés par le travail, vous enrichissez votre esprit et votre cœur de qualités nouvelles. Le prix offert peut, il est vrai, échapper à beaucoup d'entre vous ; mais, vous en convenez, le progrès appartient à toutes. Le résultat obtenu dès maintenant s'accroîtra de jour en jour, car tout succès en appelle un autre. Ainsi se forme la gerbe épaisse de l'épi sur l'épi, s'amassant dans les bras du glaneur.

Votre gerbe, à vous chères enfants, sera d'autant plus belle que vous n'êtes pas seules à semer le grain d'où elle doit sortir. Tout le monde sème autour de vous et pour vous; ce sont d'abord vos parents, s'épuisant à vous créer un sort prospère, puis vos maîtres anxieux aussi de vous prémunir contre les vicissitudes de l'avenir, et tant d'amis, tant de bienfaiteurs qu'unit dans tous les rangs de la société un commun amour de la jeunesse. Ceux qui ont écrit pour vous ces pages où l'attrayant se mêle à l'utile; ceux qui, des sommets les plus élevés, vous convient aux études devant lesquelles s'agrandit l'horizon de l'intelligence, et ceux enfin dont la main vous guida dès votre bas âge dans les voies du Seigneur. Ceux-là, mes jeunes amies, versent dans votre âme avec une ardeur infatigable, des germes qui doivent mûrir pour l'éternelle moisson.

Nous tous donc, à quelque degré que ce soit, concourrons à l'œuvre du Divin Semeur. Nul ouvrier n'est jugé trop infime par celui qui députe, comme messagers de sa Providence, l'insecte voltigeant et le souffle qui passe, en les chargeant de transporter et de répandre les principes de vie.

Vous aussi, chères petites, selon votre mesure, vous sèmerez le bien pour récolter le bien. Semez-le pour vous, et pour d'autres. Que grâce à votre docilité et à vos délicates attentions, vos parents voient naître autour d'eux les joies de la tendresse et le charme de l'espérance. Dans vos relations d'écolières, semez le bon exemple : il rapportera des fruits au centuple; semez de bonnes paroles pour encourager les faibles et les tardives, et pour consoler les affligées. Une bonne parole dite à propos, c'est quelquefois le grain de sénevé qui produit un grand arbre. Nous semons, nous, et Dieu fait croître ; s'il ne laissait descendre ses fraîches ondées sur nos plantes et sa bénédiction sur la tête de nos enfants, tous nos labeurs seraient infructueux.

Heureux enfants que l'on comble de soins et d'affection, pour lesquels on s'ingénie à trouver mille moyens de rendre l'étude plus facile, et à qui l'on voudrait inculquer toutes les vertus, vous pleurez souvent pour de futiles motifs. Ah ! combien vous rougiriez de vos larmes, si vous compariez votre sort à celui de tant de jeunes êtres dépourvus des premiers éléments qui initient l'âme humaine au sentiment de sa dignité. Vous en avez vu de ces petits malheureux que n'entoure aucune sollicitude, et votre cœur s'en est ému !

Pour moi, à qui il a été donné de consacrer ma vie à cette œuvre de préparation dont la société attend sa richesse et sa force, bien des fois l'aspect de la récolte a provoqué l'élan de ma reconnaissance, mais jamais plus, ô mes enfants, que dans le cours de cette année où mon cœur ébranlé s'est senti raffermi au contact de tant de cœurs amis (*). Une ancienne affection née aux sources mêmes où s'est formée la vôtre, est venue me prêter

(*) Comme nous l'avons dit dans la note précédente, cette année-là, Madame Melet avait perdu une nièce très chérie. La mère de celle-ci, Madame Baron, alors activement occupée dans la pension, ayant été contrainte d'abandonner subitement sa tâche, fut remplacée par une ancienne élève et amie de la maison, Madame Isambert, qui succéda plus tard à Madame Melet. Mais entre le départ de l'une et l'arrivée de l'autre, il s'écoula un intervalle d'environ deux mois : pendant ce temps, les plus grandes élèves se mirent à l'œuvre. Prenant chacune la direction d'une division, elles remplirent leur mission avec une intelligence et un zèle que Madame Melet se plaisait souvent à rappeler, en ajoutant qu'elle en avait été profondément touchée et reconnaissante.

secours, et vous offrir, sans le prétendre, le modèle du mérite modeste. Soyez bénies, vous toutes dont la filiale tendresse m'a fortifiée aux heures de défaillance ; vous qui, si jeunes, m'avez fait voir que le dévouement soutenu et les graves pensées ne sont point au-dessus de vos forces. L'ascendant que vous donnait sur ces compagnes votre titre d'aînées, vous n'en avez profité que pour leur indiquer le sentier du devoir, vous essayant par avance au rôle que toute femme est destinée à remplir. Et les chères petites vous ont comprises et se sont rangées à votre appel.

Pour plusieurs, mes amies, l'heure de la séparation définitive a sonné. Vous donc que nous ne reverrons plus dans nos groupes, emportez les vœux et les regrets de celle qui vous fut dévouée ; allez exprimer à vos familles toute ma gratitude pour le concours que j'en ai reçu. Et vous, qui après avoir déposé la première semence dans le cœur de vos enfants, m'avez, par une affectueuse confiance, donné mission de la cultiver, vous qui toujours m'avez soutenue et encouragée dans cette tâche délicate, ô mères, heureuses mères, puissiez-vous recueillir ce que vous avez semé !

16

20 Aout 1870

XXXIV

Quelques mots dans une stricte intimité

Mes petites filles,

La phase douloureuse que nous traversons ne nous a pas permis de donner à la distribution de vos récompenses cet air de fête qui, en d'autres temps, réjouissait vos cœurs.

Une lourde inquiétude pèse sur nous... Toutes jeunes que vous êtes, si légères que l'on suppose parfois les jeunes filles, nous savons que ces deux mots, *dévouement* et *patrie,* font impression sur vos âmes.

Si, par une gravité inaccoutumée en ce jour, vous vous associez au deuil d'un grand nombre et à l'anxiété de tous, nous espérons que, rentrées dans vos familles, vous vous souviendrez qu'elles ont besoin de toute votre tendresse pour les aider à supporter de grandes épreuves.

Le temps des vacances, ordinairement employé en distractions de toutes sortes, vous le consacrerez à un redoublement d'empressement et d'égards envers vos parents.

Et puis, mes enfants, vous n'oublierez pas non plus un devoir que la reconnaissance vous impose : c'est pour nous, femmes et enfants, pour tous les faibles en un mot, que combattent nos soldats. Vous continuerez, n'est-ce pas, chacune en votre particulier, la prière que, depuis le commencement de la guerre, matin et soir, nous adressons à Dieu pour nos généreux défenseurs. Ainsi, grâce à la prière, la séparation entre nous ne sera pas complète ; par elle, quoique dispersées, nous nous retrouverons encore deux fois dans la journée, unies en une commune intercession pour notre cher pays.

1871

GUERRE !.... DEUIL !....

AOUT 1872

XXXV

QUELLE SERA VOTRE TÂCHE ?

MES AMIES,

C'EST presque en m'excusant auprès de vous que je dois commencer cet entretien.

Vous aviez présenté une demande dont la délicatesse se faisait apprécier d'autant plus qu'elle émanait de celles d'entre vous qui pouvaient espérer la plus grande part aux succès de ce jour. Heureuses seulement de les avoir méritées, vous exprimiez le désir que vos récompenses vous fussent décernées dans le secret de l'intimité. Ainsi déjà se révélait à vous, comme par intuition, cette vérité dont toute personne de bien fait la règle de sa conduite, que, après le bonheur d'avoir accompli son devoir, le premier mérite est de n'en pas parler.

Et nous aussi, chères petites, pour bien des motifs, nous inclinions à renfermer dans un calme recueilli les faits de cette dernière heure; pardonnez-nous donc si comprimant nos propres sentiments, fidèles aux traditions d'un cher passé, nous reprenons une coutume dont l'expérience a démontré les avantages. Mais que votre modestie se rassure : nous n'avons convoqué autour de vous que des amies et des mères, et, dans notre ville où tout est bienveillance pour la jeunesse et ceux qui la dirigent, cette sorte de publicité qui vous effraie ne perd pas le caractère de famille. Vous ne trouverez qu'encouragement pour vos efforts et sympathie pour vos déceptions, rien qui puisse ou exciter l'orgueil, ou blesser votre jeune susceptibilité. Et ne savons-nous pas tous que ces luttes pacifiques n'ont d'autre but, surtout pour vous, jeunes filles, que de forcer, au moyen d'une émulation bien dirigée, les esprits lents à développer les facultés dont les a doués la nature. Soyons donc, vous et nous, reconnaissantes envers les personnes qui vous témoignent par leur présence ici de quelle importance est aux yeux de tous l'œuvre de votre éducation.

Mes chères enfants, je ne voulais aujourd'hui que vous répéter quelques-uns de ces conseils que vous connaissez, et voici qu'en parlant de l'importance de votre éducation, un sujet brûlant, qui préoccupe tous les esprits et fait battre tous les cœurs, se présente malgré moi sur mes lèvres.

Craintive en l'abordant, je me demande s'il m'appartient d'y toucher, de l'effleurer même. Vous devinez n'est-ce pas ? Car de graves paroles, tant de fois répétées autour de vous depuis plusieurs mois, n'ont pas seulement frappé vos oreilles ; elles ont pénétré votre intelligence et votre raison ; elles ont fait vibrer chez vous une corde toujours sensible, à quelque rang, à quelque âge et à quelque sexe, j'oserai presque dire, que l'on appartienne. Vous avez entendu parler de la Patrie et de ses malheurs. On a dit qu'il fallait régénérer la nation... Chères petites, vous êtes bien jeunes : pourtant vous avez compris le sens que comporte ce mot : régénérer — c'est-à-dire retremper la jeunesse d'idées fortes, sérieuses, développer des âmes saines dans des corps robustes. Que penserez-vous, si j'ajoute que cette tâche, c'est de vous en grande partie qu'on l'attend un jour ?

On a souvent devant vous comparé l'éducation à un édifice dont la base doit reposer sur des cœurs bien préparés, afin que le couronnement puisse être le salut d'un grand peuple. A qui donc incombe le soin de poser cette première pierre d'assise, solide, inébranlable ? A qui ? Vous avez déjà répondu : aux mères.

Vous avez lu assez d'histoire pour ne pas ignorer quelle influence ont eue les femmes, à toutes les époques, chez tous les peuples. Vous savez ce que demandaient d'elles les nations antiques, une surtout qui estimait que la femme la plus honnête est celle dont on parle le moins. Aux vertus privées, elles devaient unir la perfection physique et la force morale, de telle sorte que l'amour de la patrie, et l'énergie pour la défendre fussent transmis avec le lait maternel dans le sang du jeune Spartiate.

Si donc, par les notions tout humaines du devoir et du respect aux lois, on les voit prendre une part si importante aux destinées de leur pays, que ne pourra pas faire la mère chrétienne ? Celle-ci, ne se contente pas de commander le sacrifice, elle le prêche tous les jours par son exemple. Si elle n'attache pas elle-même le bouclier au bras de son fils, elle revêt sa poitrine d'une triple cuirasse de foi, d'espérance et d'amour ; elle le pénètre de sentiments généreux qui en feront un lion dans le combat, un agneau après la victoire. Lui présentant pour prix de l'immolation autre chose que de périssables lauriers, au lieu du sinistre adieu : « *Triomphe ou meurs* », elle lui montre le ciel, radieuse patrie, où ils vivront tous deux, s'il périt pour celle d'ici-bas.

Mais l'œuvre d'une mère n'est pas fatalement d'apprendre à son fils à mourir pour son pays, elle doit surtout l'instruire à vivre pour lui. Une belle mort peut n'être parfois que l'effet d'un prompt mouvement d'enthousiasme chez un homme ardent. A coup sûr, une belle vie est toujours le fruit d'un long et patient labeur, une consécration sans défaillance de toutes nos facultés au profit de tous. C'est pour en arriver là qu'il faut cultiver dans l'enfant les germes destinés à produire l'homme actif et sage ; il faut, après y avoir inculqué avec tendresse les principes du bien, les y maintenir avec fermeté, en appuyant d'une pleine confiance les maîtres chargés de verser dans son âme les trésors de la morale et de la science. Ainsi muni de saines provisions pour un voyage dont Dieu seul sait le cours, le jeune homme lancera son esquif sur les vagues de ce monde... Ensuite, ô mères, ô tendres mères, tâchez de savoir encore garder le gouvernail, et demeurer le pilote de ce cœur qui peut un instant se laisser séduire par un trompeur mirage, mais qui, grâce à vous, retrouvera toujours l'Étoile dont la lumière éclaira son berceau. C'est vous qui l'amènerez au port et qui tout au plus croirez votre tâche achevée quand, le voyant à l'œuvre et faisant encore une fois acte d'abnégation, vous lui aurez assuré le concours d'une autre affection intelligente et dévouée, pour l'encourager, le soutenir, et souvent le consoler.

Oui, inspirer et partager de saintes affections, secourir toutes les douleurs, s'associer à tous les dangers, contribuer à tout ce qui peut améliorer le sort de la famille humaine, voilà ce que, chez nous, on attend des femmes, ce qu'elles ont réalisé dès les premières pages de notre histoire, progressant toujours à mesure que la nation se civilise.

Si parfois elles paraissent s'endormir dans les délices d'une société tranquille à la surface et qui les berce de ses adulations, vienne à sonner l'heure du péril, elles s'éveillent prêtes aux plus nobles sacrifices; la croix à la main, le front haut et pur, elles graviront sans faiblir les marches de l'échafaud ou s'agenouilleront sur la paille d'un cachot. De toutes parts surgissent des dévouements sublimes : qu'un grand saint s'émeuve à la vue des milliers de malades qui gisent sans secours, à la vue d'enfants qui n'ont plus de mères, aussitôt des légions d'anges terrestres accourent au chevet des mourants, ou bien vont porter leur sollicitude autour des crèches où dorment les orphelins. Rien ne les arrête, pas même les horreurs d'un champ de bataille, quand il s'agit de recueillir la moisson de misères que la guerre leur envoie à soulager. Étrangers ou compatriotes, tous ont droit à leurs soins; en face du malheur elles ne font pas de distinction, tous ceux qui souffrent sont frères pour la sœur de charité. Ah! dans cette année désastreuse qu'à peine nous sortons de traverser, que d'héroïnes aux noms inconnus ont conquis à la France l'admiration du monde entier et même la reconnaissance d'un vainqueur humilié par la magnanimité du vaincu !

Voilà les modèles qui vous sont proposés, mes chères enfants. De près ou de loin vous vous efforcerez de les suivre, car toutes, dans une certaine mesure, aurez part à la grande œuvre qui s'apprête. Si dans nos jeunes garçons on prépare les gloires de l'avenir, dans leurs sœurs on se plaît à en présager la sécurité. Il faut donc, dès aujourd'hui, concourir à la réalisation de si belles espérances. Sans perdre votre gaieté qui nous charme, combattez le goût du frivole par de solides études. N'admettez pas une opinion, trop fréquemment émise, que l'instruction chez les femmes nuit aux occupations sédentaires qu'elles doivent aimer avant tout. Ce ne peut être que l'excuse des esprits paresseux et légers. Eh! depuis quand l'art de bien penser nuirait-il à celui de bien faire? Quoi! parce qu'une femme serait devenue plus apte à surveiller l'éducation de ses enfants, elle renoncerait aux soins qui lui valent de si chères caresses? Capable de seconder son mari, d'être la confidente et souvent même la conseillère de ses opérations, elle ne saurait plus prévenir ses besoins ni ses goûts, et le titre d'associée lui ferait perdre celui d'amie! Mais n'est-ce pas au contraire le propre d'un esprit mûri par la réflexion, d'être plus imbu du sentiment du devoir? Vous en donnerez la preuve, nous l'espérons, vous qui, rendues aujourd'hui à la famille, allez commencer à soulager vos mères dans les détails de l'intérieur; vous aussi, jeunes écolières que la rentrée des classes ramènera sur ces bancs, aspirant à toutes les qualités qui sont l'apanage de votre sexe, vous prendrez tour à tour ou la plume ou l'aiguille. On verra s'essayer aux ouvrages d'adresse jusqu'à ces petits doigts que l'on croirait n'avoir encore touché qu'une poupée, et qui parfilaient naguère la charpie pour nos soldats blessés. Toutes, en un mot, vous apprendrez qu'une condition essentielle de bonheur dans la vie, c'est un travail utile, et puissiez-vous, chères amies, ressentir le plus tard possible que là aussi est une puissante consolation!

18 Aout 1873

XXXVI

Courage !

Mes enfants,

Nous voici arrivées à la fin de notre année d'études. Il est atteint le but sur lequel on a tant de fois fixé votre attention en vous stimulant par ces mots : « Courage, enfant, courage !... ne crains pas les obstacles, sois ferme, persévère ; le prix t'appartiendra. » Vous aviez compris, et, marchant en avant, vous vous êtes redit à vous-mêmes : courage !

Eh bien, mes amies, c'est ainsi que toute la vie, l'homme de caractère marche à la conquête du bien en se répétant impitoyablement : courage !

A peine entré dans la carrière, le jeune écolier aspire-t-il à recevoir la verte couronne des mains d'une mère attendrie ; jeune homme, s'est-il promis de prendre place un jour parmi ceux qu'honorent l'estime et la reconnaissance de leurs concitoyens ; père de famille, sans cesse occupé de l'avenir de ses enfants ; vieillard enfin, au front ceint par la douleur d'une dernière auréole, pleure-t-il bien souvent ses sacrifices perdus, ses plus chères espérances trompées ? Toujours fidèle à la voix qui crie : « Courage ! » loin de se laisser abattre, l'homme semble dans chaque épreuve puiser une force nouvelle ; car la voix qu'il entend, c'est celle de sa conscience !

C'est elle, cette voix puissante qui anime le cœur du soldat, quand au mépris de la mort il court sous une pluie de fer et de feu arracher aux ennemis le drapeau de la patrie.

C'est elle qui vient en aide au magistrat dans ses recherches pour confondre l'audace du mensonge et faire triompher l'innocence.

« Courage ! dit-elle encore au savant : As-tu rêvé d'attacher ton nom à l'une de ces découvertes utiles autant que glorieuses dont l'humanité tout entière recueillera le bienfait ? Use patiemment tes jours et tes nuits dans des calculs infinis et des expériences mille fois infructueuses ; jette en même temps dans le creuset ta santé et ta fortune, tu en verras sortir, belle et radieuse, la vérité. Dieu lui-même, le créateur, se révélera à toi dans le secret de ses œuvres mystérieuses. »

Et la voix consolante de continuer pour tous ceux qui vivent ici-bas : « Courage, ô vous dont le succès tarde à couronner les efforts, car vivre, c'est agir, c'est combattre et souffrir, mais c'est aussi espérer. Ne te lasse donc pas d'espérer, pauvre laboureur, qui n'as récolté qu'une chétive moisson ; ni toi non plus, enfant dont l'attente est aujourd'hui déçue. Sache que tout travail porte ses fruits, comme toute vertu trouve en elle-même sa récompense ; et si la fleur que tu cultives n'est pas encore éclose, elle te promet ses parfums pour la saison prochaine, pourvu que tu continues à lui donner tes soins ».

Jeunes filles ou jeunes fleurs que nous entourons de sollicitude et d'amour, vous aussi, vous vous épanouirez dans un prochain avenir; les parfums que vous nous promettez sont les qualités d'un cœur aimant, unies aux charmes d'un esprit cultivé. A les acquérir, à les développer, vous travaillez avec persévérance, comprenant depuis longtemps déjà que le courage n'est pas par exclusion le mérite d'un sexe plus fort, et que, si l'on appelle ainsi la mâle vertu qui sait, d'un front serein, braver tous les périls, il est avant tout la force intérieure par laquelle nous triomphons de nous-mêmes. Or, qui de nous oserait dire n'avoir nul penchant à combattre, nulle faiblesse à surmonter? Quelle femme ne doit lutter contre l'excès même des plus purs sentiments? Quelle mère n'a besoin de se faire violence pour imposer à son enfant le plus léger sacrifice? Combien qui prodigueraient pour lui leurs fatigues et leurs veilles plus vaillamment qu'elles ne se contraindraient à le punir, et qui aimeraient mieux voir couler leur propre sang que les larmes de cet être chéri ! Ah ! c'est qu'en effet Dieu qui nous a créées pour encourager et consoler, a voulu qu'il nous en coûtât moins de souffrir que de voir souffrir ceux que nous aimons.

Qu'il nous serait doux, mes chères enfants, de vous élever sans contrarier vos goûts, de vous épargner tout ennui et toute fatigue, de faire pénétrer dans votre cœur l'amour du devoir et dans votre esprit les lumières de l'instruction aussi facilement que le soleil laisse arriver à vos yeux sa clarté !

Mais tel n'est pas notre lot ; et s'il est vrai que l'on juge de la tendresse par les sacrifices qu'elle s'impose, peut-être penserez-vous que nous devons vous aimer beaucoup, puisque, en vue de votre bien, nous soutenons une lutte sans trêve contre nos plus chères inclinations. Quand je parle de sacrifices, je n'entends pas, mes amies, que ce mot signifie vivre éloigné du monde et de ses fêtes, ni consacrer toutes ses facultés à des exercices si réguliers et si fréquemment répétés, que ceux qui ne les considèrent pas de près se les figurent d'une monotonie fatigante. Non, la nécessité de repasser toujours par les mêmes chemins, et de redire les mêmes choses n'est pas fastidieuse comme on le croit. Dieu a jeté dans vos groupes la variété qui règne dans toutes ses œuvres, et, pas plus que sur un arbre deux feuilles ne se ressemblent, il n'existe dans vos rangs deux caractères identiques. Aussi y a-t-il là, pour l'ami de l'enfance, pour quiconque s'est voué à l'éducation, une source d'observations dont l'attrait ne perd jamais sa fraîcheur. Que de mots d'une justesse saisissante échappent à vos lèvres rieuses ! Que d'actes généreux et discrets, que de doux enseignements on recueille à part soi ! Ah ! pourquoi nous est-il réservé d'entraver les élans de votre nature franche et sympathique ? Pourquoi faut-il aux dépens du présent garantir l'avenir ? Pourquoi faut-il craindre qu'ici les grâces d'une languissante douceur ne dégénèrent en molle apathie, et que là les reparties d'un esprit vif et indépendant ne deviennent brusqueries et paroles acerbes. Car les enfants entre eux ne se ménagent guère, et le privilège de leur âge est, assure-t-on, de dire la vérité. Heureux privilège en effet, s'ils savaient en user avec discernement ! Mais savoir dire et savoir faire entendre la vérité est ce qu'il y a de plus difficile au monde, ajoutons de plus pénible ; la seule amitié ose s'en charger, et c'est à quoi nous oblige la nôtre envers vous. Dès l'instant que vous vous asseyez sur nos bancs, commence pour nous cet austère devoir. Alors une difficulté se présente. Pour que la vérité produise des résultats, il faut que celui à qui elle s'adresse soit d'abord convaincu que c'est la vérité : autrement, semblable à l'opérateur maladroit, on blesse et on ne guérit pas. Comment donc parler d'obéissance et de travail à l'enfant qui a jusqu'ici exercé librement sa volonté, et dont, par ménagement pour sa santé, on a éloigné toute étude ? Comment persuader de ses torts celle dont les fautes ont toujours été atténuées par les plus caressants euphémismes ? C'est alors, mes amies, que notre influence les unes sur les autres nous est d'un puissant secours. Avec le temps et avec la patience, grâce aux bons exemples surtout, la confiance s'acquiert, et, ce point étant obtenu, il nous devient facile de rendre doux et léger pour la petite écolière le joug de la soumission qui lui avait paru si pesant, et de soutenir auprès d'elle notre mission délicate, moins délicate encore pourtant, mes amies, que celle qu'il nous faut aussi remplir auprès de vos mères. En leur signalant vos défauts, on ne veut qu'être vrai ; mais souvent on dépasse le but, et l'on fait éclater ce cœur aussi prompt à s'alarmer que facile à s'aveugler.

O mes enfants, voulez-vous nous épargner ce soin douloureux ? Exercez envers vous-mêmes une surveillance sans laquelle la nôtre demeurerait stérile. Faites-le avec la loyauté d'une conscience droite qui veut fermement se perfectionner. Vous êtes jeunes, et faibles par conséquent ; de peur de faillir, appelez-nous à votre aide ; vous nous trouverez toujours disposées à vous prêter le concours de notre expérience. Que pourrait-on refuser aux âmes de bonne volonté, à ces âmes tendres pour qui, à l'exemple de la touchante Esther, le châtiment le plus sévère serait de perdre une chère affection? Bannissez une telle crainte, ô enfants chéries. C'est parce que nous vous aimons que nous nous appliquons à découvrir, pour vous les indiquer, les points menaçants dans votre horizon encore tout radieux des feux du matin, car vous n'êtes, mes amies, qu'à l'aurore de ce jour que l'on nomme la vie. Dieu vous le garde exempt des tempêtes qui nous ont assaillis! Mais si, malgré mes vœux, à votre tour vous deviez entendre l'orage gronder, n'oubliez jamais que Celui qui envoie les épreuves peut seul nous aider à les supporter, que sans Lui toute force humaine n'est que faiblesse, et qu'Il est la source du vrai courage.

AOUT 1882

XXXVII

MES ADIEUX

MES CHÈRES ENFANTS,

DÉTACHÉE avant la fin de l'année par d'impérieuses circonstances (*) du groupe ami qui vous dirige, je ne devrais pas en ce jour prendre une place qui ne m'appartient plus. Mais il m'a semblé que c'était pour moi un devoir autant qu'un besoin de remercier tant de familles qui, dans une longue suite d'années, m'ont honorée de leur confiance, et rendue bien heureuse, oh ! oui, bien heureuse par leur affection. Et d'ailleurs, mes enfants, pourrais-je me séparer de vous, renoncer à des soins qu'il me fut si doux de vous prodiguer, sans vous donner une dernière marque de sollicitude ? Je ne viens donc pas, au même titre que par le passé, demander la permission de vous dire encore une fois quelques mots.

Ne voyez plus en moi qu'une vieille amie qui conti-

(*) Au mois de mai, Madame Melet avait perdu un de ses frères.

nuera de s'associer à vos joies comme à vos petits chagrins. Aux grand'mères qu'abandonne l'énergie nécessaire à la direction d'une famille, la Providence a laissé l'amour. Le cœur ne vieillit pas, et le mien se sent toujours jeune au contact des vôtres. M'attachant à ce qui vous touche, je m'informerai de vos progrès, j'aimerai à vous voir entrer dans la vie par la bonne route, celle du travail. Du travail, notre père nourricier à tous, le sage dispensateur du temps, le grand consolateur et préservateur !

Le travail, mes amies, rend l'homme à la fois utile et indépendant, et, selon une récente parole venue d'en-haut, sa plus belle glorification est le bonheur qu'il nous procure. Ce n'est pas à moi qu'il appartient de décrire tant de conquêtes faites par lui au nom de la science et de l'humanité. Je reste dans mon rôle de femme, et je viens vous dire qu'à nous il n'est pas moins essentiel, ne fût-ce que pour entretenir notre esprit dans une disposition sereine, si nécessaire à la vie intime. Grâce à lui, la mère de famille fait régner autour d'elle l'ordre et la paix, ces deux jumeaux qui ne peuvent marcher l'un sans l'autre aussi bien dans le plus modeste intérieur que dans les maisons les plus illustres et les plus somptueuses. A mesure que se révéleront à vous les secrets de la destinée, vous pourrez comparer vous-mêmes aux suites terribles de l'oisiveté les bienfaits d'une vie occupée, et vous bénirez les parents et les maîtres qui vous en auront donné le goût.

Aussi, combien me réjouirai-je de vous retrouver élèves dociles, écoutant les enseignements destinés à vous enrichir de talents agréables, de connaissances variées et solides. En même temps, vous saurez les couvrir d'un voile qui les rendra d'autant plus aimables qu'elles ne seront accompagnées d'aucune prétention ; car, mes enfants, les vieux adages ne mentent pas. On a dit depuis longtemps que la modestie d'une jeune fille est sa plus belle parure, et malgré les bizarreries par lesquelles la folie de chaque époque a tâché de contredire l'antique dicton, il est venu jusqu'à nous toujours justifié par le charme irrésistible de cette douce vertu. Si donc j'avais à toute autre heure une leçon à vous donner, je vous dirais en souriant : gardez-la, mes enfants, comme un joyau qui vous embellira toujours.

Ainsi s'écoulent, au milieu des compagnes de notre âge, ces fraîches années de la vie de pension qui laissent tant de souvenirs ! Là se fondent les premières amitiés ; là vous apprenez, par l'échange de concessions mutuelles, le prix d'un service rendu et d'un conseil donné à propos. Ce sont autant de semences qui porteront un jour leurs fruits, quand vous rentrerez au sein de vos familles.

Ma pensée vous y suivra, ô mes amies, pour vous voir, n'ayant de plus chère compagne ni de plus tendre confidente que votre mère, lui épargner des soins fatigants, écarter d'elle tout souci, entourer à son exemple votre père de mille prévenances, et si plus tard.... — Mais m'est-il accordé de porter plus loin mes regards ? Verrai-je s'asseoir dans la vie la dernière génération qui a passé sous mes mains ? C'est le secret du bon Dieu..... Du moins, tous les vœux que j'adresserai désormais à celui-ci seront pour que toutes vous preniez rang parmi les femmes de bien dont la société future attend son repos et sa force.

Ce sont là les préoccupations que j'emporterai dans ma solitude ; vous y viendrez parfois, enfants, jeter les reflets de votre gaieté ; nous y causerons de vos travaux, de vos jeux ; je sourirai à vos saillies, et pourrai encore regarder l'avenir à travers le prisme de vos radieuses espérances.

Un poète du temps de ma jeunesse, Casimir Delavigne, quittant une retraite chérie, disait aux arbres qu'il avait plantés : « Soyez l'amour d'un autre maître, beaux pêchers dont j'ouvris les bras. » A vous, je dirai, modifiant l'expression pour la rendre plus vraie : « Soyez l'amour d'une autre mère » ; mais plus heureuse que le poète, j'ajouterai : « Vous serez toujours le mien ! »

FIN

TABLE

18

ÉTAMPES. — IMP. LECESNE

www.ingramcontent.com/pod-product-compliance
Ingram Content Group UK Ltd.
Pitfield, Milton Keynes, MK11 3LW, UK
UKHW021857190726
13855UKWH00001B/357